Le Carnet de vie

Catalogage avant publication de Bibliothèque et Archives nationales du Québec et Bibliothèque et Archives Canada

Williamson, Alain, 1958

   Le carnet de vie : la vie nous donne toujours une deuxième chance

   ISBN 978-2-89436-372-0

   1. Réalisation de soi. 2. Succès - Aspect psychologique. 3. Contrôle (Psychologie). I. Titre.

BF637.S4W542 2012   158.1   C2012-942156-1

Nous reconnaissons l'aide financière du gouvernement du Canada par l'entremise du Fonds du livre du Canada (FLC) pour nos activités d'édition.

Nous remercions la Société de développement des entreprises culturelles du Québec (SODEC) pour son appui à notre programme de publication.

Gouvernement du Québec – Programme de crédit d'impôt pour l'édition de livres – Gestion SODEC – www.sodec.gouv.qc.ca

Infographie de la couverture et mise en pages : Marjorie Patry
Révision linguistique : Amélie Lapierre
Correction d'épreuves : Michèle Blais

Éditeur : Les Éditions Le Dauphin Blanc inc.
              Complexe Lebourgneuf, bureau 125
              825, boulevard Lebourgneuf
              Québec (Québec) G2J 0B9 CANADA
              Tél. : 418 845-4045   Téléc. : 418 845-1933
              Courriel : info@dauphinblanc.com
              Site Web : www.dauphinblanc.com

ISBN : 978-2-89436-372-0

Dépôt légal : 4ᵉ trimestre 2012
                   Bibliothèque nationale du Québec
                   Bibliothèque nationale du Canada

ALAIN WILLIAMSON

Auteur du best-seller *Le tableau de vie*

Le Carnet de vie

*La vie nous donne toujours
une deuxième chance…*

Le Dauphin Blanc

À Marie-Chantal,
ma deuxième chance,
qui, au-delà de mes succès ou de mes faux pas,
a toujours su reconnaître mon « centre ».

Du même auteur :

Le Luthier, 2000 (réédition en 2013)
Le tableau de vie, 2012
Manuel pratique du Tableau de vie, 2012

Table des matières

Chapitre 1

$\mathcal{L}$es rideaux mal tirés avaient laissé la lumière du jour s'infiltrer dans la chambre et éclairer le visage de Fannie. Somnolente, Fannie ouvrit les yeux, mais elle les referma aussitôt. Une pénible migraine l'affligeait et la lumière du soleil lui était insupportable. Elle étira un bras derrière elle, cherchant Hugo à tâtons sur l'autre côté du lit, mais sa main ne touchait que des draps de satin bien à plat sur le matelas. Elle se retourna. Elle ouvrit à peine les yeux, suffisamment pour constater qu'Hugo n'était pas à ses côtés.

Ralentie par la migraine et encore retenue dans le brouillard d'un sommeil interrompu, Fannie tentait de rassembler ses idées. Où était-elle ? Rien ne lui semblait familier, ni les odeurs, ni les objets, ni même la texture de ce qu'elle touchait…

Puis, le son caractéristique de la sirène d'une voiture de gendarmes, à peine étouffée par la vitre et les épais rideaux, fit ressurgir des souvenirs de la veille. Paris ! Bien sûr, Paris ! Fannie y était arrivée hier. Steven, son agent, l'attendait à l'aéroport, tout comme quelques journalistes qui tendaient vers elle micros et caméras.

Fannie se leva péniblement, se rendit à la fenêtre et ouvrit les rideaux d'un geste brusque. La luminosité du jour l'aveugla quelques instants, jusqu'à ce que ses yeux s'adaptent à la lumière. Du haut d'un prestigieux hôtel, Fannie contempla Paris qui grouillait d'activités malgré l'heure hâtive. Elle qui avait, au début de sa carrière, si souvent rêvé de voir Paris, ce matin-là, observait, désabusée, la vie parisienne à ses pieds. Depuis quelques années, elle venait souvent à Paris, mais sans jamais prendre le temps d'arpenter ses rues, de longer la Seine ou de siroter un café à la terrasse d'un bistro. Tout allait tellement vite dorénavant…

Ses réflexions la ramenèrent à la raison de sa venue à Paris cette fois-ci. Elle était l'invitée d'honneur lors de l'inauguration d'une nouvelle galerie d'art, aux murs de laquelle plusieurs de ses tableaux étaient suspendus. Des bribes de la soirée remontaient à sa mémoire puis laissaient la place à d'autres souvenirs. Le ruban rouge à couper… les canapés… le champagne… les discours… les applaudissements…

les questions… les photos… Sourire, toujours sourire. Et tous ces gens que Steven lui présentait et dont elle oubliait inévitablement les noms. Des notables, des politiciens, des hommes d'affaires, des artistes, des collectionneurs, des journalistes… Chacun voulait lui serrer la main, lui parler, se faire photographier à ses côtés.

Fannie s'habituait difficilement à ces activités mondaines qui lui semblaient tellement éloignées de sa passion pour la peinture. Mais son agent, Steven, l'avait convaincue qu'elle devait s'y prêter pour le bien de sa carrière. C'était l'une de ses obligations envers ses admirateurs, disait-il.

Sous la gérance de Steven, la carrière de Fannie avait connu un essor remarquable et s'était principalement déplacée sur la scène internationale. Ses toiles étaient exposées dans des galeries et des musées de partout dans le monde. Bien sûr, Fannie en était fière, d'autant plus que sa carrière lui assurait fortune, gloire et célébrité. Mais elle lui prenait aussi tout son temps. Fannie ne parvenait plus à se réserver des moments pour peindre. Elle avait beau demander à Steven de ne pas surcharger son agenda d'activités mondaines comme celle de la veille, mais rien ne changeait.

Steven était un jeune homme ambitieux et persuasif. Fannie lui avait confié la gérance de sa carrière de peintre quatre ans auparavant, cherchant ainsi à se libérer des aspects contractuels et administratifs qu'elle détestait. Rapidement, Steven avait pris le contrôle de son emploi du temps. Fannie se sentait aspirée dans un tourbillon qu'elle ne pouvait plus arrêter. Les mois défilaient au rythme des soirées mondaines, des apparitions publiques, des voyages en avion, des inaugurations de toutes sortes…

Chaque fois que Fannie exprimait une réticence, Steven parvenait à la convaincre que c'était la meilleure chose à faire pour sa carrière. Lorsque les réticences de Fannie s'avéraient plus coriaces, Steven lui faisait valoir les faramineux cachets qu'il négociait pour chacune de ces activités. Et il promettait de lui aménager, dans peu de temps, un horaire moins chargé afin qu'elle puisse s'adonner à sa passion de peindre.

Pourtant, ce matin-là, elle se trouvait une fois de plus dans une chambre d'hôtel d'une ville étrangère.

La douce chaleur du soleil à travers la vitre transporta Fannie dans ses souvenirs. La vieille maison qu'elle habitait avec Hugo, la nature qui l'entourait, les petits matins où elle prenait le temps de caresser ses chevaux avant de les relâcher dans le pré clôturé, les après-midi à peindre, les chevauchées avec Hugo en soirée, les rires, la légèreté de sa vie d'alors…

Nostalgique, Fannie soupira. Le succès était grisant, mais tellement exigeant.

La sonnerie du téléphone la tira de ses pensées. C'était Steven au bout du fil.

« Fannie ? Es-tu prête ?

— Prête ? Je me lève à peine…

— Remue-toi un peu. Je suis déjà à la réception de l'hôtel. Notre avion décolle dans moins de deux heures.

— Pour aller où, cette fois ? Dis-moi que nous rentrons à la maison…

— À la maison ? Tu veux rire ? On a mieux à faire que de rentrer. Tu auras bien le temps d'être chez toi lorsque tu seras vieille. Pour l'instant, nous sommes attendus à New York en fin de journée.

— Et pour y faire quoi ? Sourire, s'empiffrer de canapés et s'enivrer au champagne encore une fois ?

— Oh, toi, tu as mal dormi, pas de doute. Allez, fais tes valises en vitesse, je t'attends. Nous reparlerons de tout cela dans l'avion. »

Ouais, ouais, c'est ça, murmura Fannie après avoir raccroché le combiné, *et tu m'expliqueras encore une fois à quel point c'est important pour ma carrière…*

À la hâte, Fannie prit une douche, s'habilla et se maquilla. Elle lança les vêtements de la veille dans sa valise qu'elle n'avait même pas défaite.

Toujours affligée d'une migraine, elle chercha des cachets dans son sac à main. Elle en avala deux et remit le boîtier dans son sac. Du coup, elle mit la main sur une photo qu'elle avait toujours avec elle. On y voyait Hugo qui l'enlaçait sur la galerie de leur ancienne maison.

Fannie s'attarda quelques instants à cette photo qu'elle chérissait et qui lui rappelait la plus belle époque de sa vie. Elle pensa à Hugo, resté à la maison. Elle n'avait pas de ses nouvelles depuis son départ pour Paris, malgré les messages qu'elle lui avait laissés. Il faut dire qu'avec l'horaire démentiel de Fannie, Hugo avait toujours de la difficulté à la joindre. Leurs échanges se limitaient bien souvent à de brefs messages laissés dans une boîte vocale. Mais cette fois, les messages de Fannie étaient restés sans réponse de la part d'Hugo. Fannie s'efforça de ne pas s'en inquiéter. Peut-être Hugo était-il lui aussi très occupé… Peut-être était-il à l'extérieur pour dénicher une autre « perle rare » pour sa collection de voitures anciennes…

Fannie replaça la photo dans son sac, agrippa sa valise et quitta la chambre pour rejoindre Steven, qui devait sans doute s'impatienter. Elle pourrait toujours téléphoner à Hugo ou lui envoyer un message texte à l'aéroport… en espérant qu'il réponde.

Chapitre 2

« Un milliardaire? Qu'allons-nous faire chez un milliardaire de New York que nous ne connaissons pas? demanda Fannie, bien assise dans un fauteuil de la première classe d'un Airbus 320 volant au-dessus de l'océan Atlantique.

– De l'argent et des contacts, Fannie! répondit sans hésiter Steven.

– J'ai l'impression que nous ne faisons que ça depuis des années, rétorqua Fannie.

– Peut-être, mais vois les résultats. Ton compte bancaire n'a jamais été aussi bien garni, ta renommée est internationale, tu es invitée à de somptueuses réceptions à travers le monde, tu visites les plus grandes villes…

– Tu parles, ouais… Les grandes villes… je n'en connais que les aéroports et les hôtels de luxe, interrompit Fannie.

– Tu préférais ta vie d'avant, peut-être? Les voyages en classe économique? L'anonymat? Ta vieille maison? »

Fannie resta pensive quelques secondes puis reprit: « Elle était bien, cette vieille maison. En tout cas, elle avait plus d'âme que celle que tu m'as dénichée à la ville.

– C'est un bon placement immobilier.

– N'empêche que j'ai l'impression de vivre dans une cage dorée.

– Dis-toi que bien des gens t'envient.

– Mais je n'ai pas besoin que les gens m'envient, Steven!

– Eux, si! Et ça nous rapporte! » lança Steven, au grand étonnement de Fannie, perplexe.

Steven reprit sans tarder: « Je suis en train de faire de toi une *star*, une vedette populaire, même si tu évolues dans le milieu de la peinture. Tu apportes de l'espoir aux gens, tu les fais rêver, tu leur montres qu'il est possible de partir de rien et de connaître l'abondance, la richesse et la gloire. Tu es un modèle pour eux.

– Mais ce n'est pas le message que je veux transmettre aux gens. Je souhaite seulement les inspirer à vivre de leur passion, tout comme David Marteens* l'a fait pour moi, se défendit Fannie.

– David Marteens ! se fâcha Steven. Il fallait bien qu'on en revienne à lui. David Marteens est mort depuis plus de quinze ans. Laissons-le là où il est, veux-tu ? Il fut un grand peintre, il fut peut-être ton mentor, mais il n'a jamais connu la gloire et la carrière que tu es en train de vivre. L'élève a dépassé le maître, voilà tout. Accepte-le. »

Mi-choquée et mi-triste des propos de son agent, Fannie resta silencieuse et pensive. Steven poursuivit son discours de motivation.

« Fannie, laisse les morts avec les morts. Occupons-nous plutôt des vivants, et surtout des vivants fortunés et influents, comme le milliardaire que tu rencontreras ce soir. Ce type a déjà tout offert à sa femme qui célèbre aujourd'hui son quatre-vingtième anniversaire. Il veut la surprendre à nouveau. Comme sa femme s'adonne à la peinture et qu'elle adore tes œuvres, il a pensé lui offrir ta présence pour sa soirée d'anniversaire. C'est charmant, non ?

– Steven, j'ai l'impression d'être un objet, soupira Fannie. Ou pire, une bête de cirque que l'on promène là où les gens veulent bien payer pour la voir.

– Sais-tu combien il a accepté de payer pour ta présence ?

– Non, combien ?

– 150 000 $!

– Tu es sérieux ? 150 000 $?

– Très sérieux ! Je t'ai négocié un cachet de 150 000 $ pour ta présence à la fête de la conjointe d'un milliardaire. C'est ça, la gloire, Fannie. C'est payant.

---

* Les lecteurs qui désirent lire l'histoire de la rencontre entre Fannie et David Marteens peuvent la retrouver dans le livre *Le tableau de vie*, du même auteur.

– C'est beaucoup d'argent, mais j'ai déjà beaucoup d'argent, Steven. J'aurais tellement préféré retourner à la maison.

– Allons, Fannie. Je ne pouvais tout de même pas refuser une telle offre. Nous reprendrons l'avion demain matin et tu seras chez toi sur le coup de midi. D'ici là, une petite soirée à passer. Tu souris, tu serres les mains, tu te laisses prendre en photo, tu dis quelques mots gentils, tu encourages la vieille dame qui prétend être peintre, et on part par la suite. Facile et payant, conclut Steven en se frottant les mains.

– Pour moi, c'est du temps perdu. J'aurais pu passer cette soirée à peindre.

– Je te promets que bientôt tu pourras retourner à tes pinceaux. Laisse-moi placer tous mes pions et tu n'auras même plus besoin de peindre tellement tu auras d'argent.

– Mais je ne peins pas pour l'argent, je peins par passion, Steven. Tu n'as jamais compris cela.

– N'empêche que tu m'as remercié lorsque tu as pris connaissance de tes revenus de la dernière année. Tu as toujours été idéaliste, c'est pour ça que tu as besoin d'un agent, comme moi, qui voit aux choses importantes. »

Sans laisser le temps à Fannie d'argumenter, Steven reprit.

« C'est comme pour ton site Internet. Depuis que j'en ai pris la responsabilité, les visiteurs abondent. Et ton blogue est l'un des plus populaires actuellement.

– Parlons-en du blogue, enchaîna Fannie. Ce n'est même pas moi qui réponds aux gens qui m'écrivent...

– Tu sais comme moi que tu n'en avais plus le temps. Le jeune homme que j'ai engagé pour le faire à ta place accomplit du bon boulot. Il réussit à maintenir l'intérêt des blogueurs. Tu devrais lire ce qu'il écrit, c'est drôlement intéressant. Les gens en redemandent.

– Justement, reprit Fannie. Ça m'inquiète tout cela. Hugo parcourt parfois le site et le blogue. Selon lui, le message véhiculé est confondant.

Les textes inciteraient les gens à ne vivre qu'en fonction d'aujourd'hui, à dépenser ce qu'ils ont ou même ce qu'ils n'ont pas afin de vivre leurs rêves. »

Steven balaya les remarques de Fannie.

« Hugo a toujours été d'une nature inquiète, tu le sais bien. Je crois qu'il dramatise. Ton site et ton blogue répondent à un besoin. Les gens veulent vivre leurs rêves maintenant, pas dans dix ans. Les plans, la préparation, la patience, ce n'est pas *winner*. Alors, on n'en parle pas. On dit aux gens ce qu'ils veulent entendre.

– Mais les gens risquent de s'endetter ou de tout perdre en pensant ainsi, s'offusqua Fannie.

– Puis après ? Tout le monde a des dettes, non ?

– Ce n'est pas ma façon de voir les choses. J'ai démarré ce site pour promouvoir la pensée de David Marteens et inspirer les gens à vivre leur passion, à réaliser leur raison d'être, non pour les stimuler à acheter tout ce qui leur fait envie ou à s'engouffrer dans une illusion matérielle.

– Encore l'idéaliste qui parle. Cesse de vouloir sauver le monde. Les gens désirent simplement se payer des rêves. Alors, qu'ils le fassent et qu'ils en profitent. »

Fannie n'en croyait pas ses oreilles. Et dire que ce discours était utilisé sur son propre site. Elle se jura que dès qu'elle le pourrait, elle allait remédier à cette situation. D'ailleurs, c'est toute sa relation professionnelle avec Steven qu'elle devait repenser. Fannie souffrait car sa vie commençait à lui peser lourd et ne lui ressemblait plus.

Sentant sans doute que Fannie avait entamé une réflexion qu'il souhaitait éviter, Steven continua à plaider sa cause.

« Fannie, je ne veux que le meilleur pour toi. Et le meilleur, c'est le monde. Je ne veux pas te voir finir ta vie au fond d'un bois, seule et isolée, comme David Marteens. Tu vaux plus que cela… »

Fannie l'interrompit d'un signe de la main.

« Nous reparlerons sérieusement de tout cela plus tard, Steven. Pour l'instant, j'aimerais me reposer, si tu veux bien.

– D'accord, repose-toi. Tu verras après à quel point ta vie est géniale. »

Fannie tourna la tête vers le hublot et ferma les yeux. Tout allait si vite autour d'elle. Elle avait l'impression de perdre ses repères. Et Hugo qui n'avait toujours pas répondu à ses messages. Allait-il bien ? Lui était-il arrivé un accident ? Ou avait-il tout simplement… Non, elle refusa d'envisager qu'Hugo puisse partir. Il serait là à son retour, sûrement. Sans doute avait-il égaré son portable…

Épuisée, Fannie ferma les yeux et essaya de ne plus penser. Elle aurait bien aimé dire que sa vie était géniale, mais le cœur n'y était pas.

Chapitre 3

Steven déposa Fannie chez elle en s'excusant encore une fois. La soirée de la veille chez le milliardaire avait été horrible. Fannie s'était sentie possédée par ces gens. Elle avait eu la désagréable impression de leur appartenir. Offusquée par la demande insistante de la femme du milliardaire pour qu'elle se mette à peindre au milieu de tous les invités, Fannie avait voulu quitter la réception. Il s'en était fallu de peu pour qu'un scandale éclate. Steven avait dû user de tout son sens de la diplomatie pour contenir Fannie et alléger l'atmosphère. Finalement, tout était rentré dans l'ordre et la réception s'était terminée sur une note cordiale. Mais Fannie en avait gardé un souvenir amer. Cette désagréable expérience l'avait confortée dans sa certitude de devoir repenser sa vie professionnelle.

En refermant la porte derrière elle, Fannie chercha aussitôt la présence d'Hugo.

« Hugo ?... Hugo ?... Tu es là, chéri ? »

La voix de Fannie résonna entre les murs de la vaste et somptueuse demeure, sans toutefois lui apporter plus de réponses que les messages laissés depuis trois jours sur les boîtes vocales.

De toute évidence, Hugo n'était pas à la maison. Du regard, elle chercha le cellulaire d'Hugo sur la console à l'entrée où il avait l'habitude de le déposer. Rien de son côté non plus. Hugo devait donc avoir avec lui son portable. Pourquoi n'avait-il pas encore répondu à ses messages ? Peut-être la pile du cellulaire était-elle à plat ?... Peut-être...

Elle monta à l'étage pour y déposer sa valise et chercher d'autres indices expliquant l'absence d'Hugo. Rien. Pas une note, pas un mot. Tout était à sa place, le linge et les affaires d'Hugo. Le silence devenait de plus en plus mystérieux.

Fannie redescendit au rez-de-chaussée, balança ses chaussures et se laissa choir sur la causeuse du salon.

La maison, déjà immense pour le couple, lui paraissait un désert aride. Elle aurait tant aimé être accueillie par Hugo, se blottir dans ses bras et lui partager ses réflexions sur l'orientation de sa vie professionnelle. Elle aurait tant aimé… elle aurait eu tant besoin…

Lasse et épuisée de ses voyages éclair à Paris et à New York, Fannie oublia sa déception et s'endormit.

Le claquement de la porte d'entrée réveilla Fannie en sursaut. *Hugo ?* pensa-t-elle.

Elle se redressa et vit Hugo s'avancer dans le salon et s'asseoir dans un fauteuil en face d'elle.

« Chéri ? Est-ce que ça va ? Où étais-tu passé ? Je t'ai laissé de nombreux messages… Pourquoi n'as-tu pas rappelé ? » demanda Fannie, étonnée et inquiète du comportement d'Hugo.

Hugo avait un regard grave et une mine triste.

Quelque chose ne va pas, se dit Fannie en essayant de ne pas penser à ce qu'elle redoutait.

Hugo prit une profonde respiration, fixa Fannie quelques instants puis se décida à parler.

« Depuis ton départ, j'ai passé quelques jours dans notre ancien patelin…

– Qu'est-ce que tu faisais là-bas ? interrompit Fannie, intriguée.

– J'ai racheté notre ancienne maison et j'ai fait l'acquisition des terres autour.

– Quoi ?

– Je retourne vivre là-bas.

– Mais… je ne comprends pas… nous deux… comment…, balbutia Fannie, abasourdie par la nouvelle.

– Je te quitte, Fannie, dit Hugo sur un ton résigné.

– Tu… me… quittes… ? » répéta Fannie, désemparée et en larmes.

Hugo baissa les yeux, visiblement malheureux lui aussi de la situation.

Fannie essuya les larmes qui ne cessaient de couler.

« Mais c'est impossible…, dit-elle.

– C'est continuer ainsi qui est impossible…

– Et notre vie à deux ? » plaida Fannie.

Hugo adopta un ton plus ferme. « De quelle vie parles-tu, Fannie ? De celle où tu es continuellement entre deux avions, entre deux villes, entre deux réceptions, entre deux inaugurations, entre deux entrevues ? »

Hugo poussa un soupir. « Tous ces entre-deux ont tué ce qu'il y avait entre nous, Fannie. »

Fannie sanglotait sans arrêt, ne pouvant croire ce qu'elle entendait. Elle tenta d'argumenter.

« Je me suis peut-être laissé étourdir par ma carrière, par ma passion, mais… »

Fannie ne put terminer. Hugo l'interrompit sèchement en élevant le ton. « Ta passion, tu dis ? Ta passion ? Et quelle est ta passion depuis les dernières années ? Les petits fours et le champagne ? Les rubans rouges ? Les photos de toi dans les magazines ? Dis-le-moi, Fannie, quelle est ta passion maintenant ? Tu n'as pas peint une seule toile cette année, et à peine trois l'an dernier. Qu'es-tu en train de faire de ta vie, Fannie ? Un cirque ? Une machine à faire de l'argent ? »

Les propos acerbes d'Hugo étaient durs à entendre, mais Fannie les encaissait la tête basse. Elle savait qu'Hugo avait raison. Qu'était devenue sa vie ?

Refusant de baisser les bras, Fannie avança de nouveaux arguments.

« Je t'en prie, reste. Sois patient, Hugo. Steven m'a promis que toutes les activités médiatiques cesseraient bientôt, que je n'aurai plus à... »

De nouveau, Hugo coupa la parole à Fannie. « Steven ? Tu crois les promesses de Steven, ce petit ambitieux qui profite de toi ? Tu es naïve, Fannie. Steven reçoit 25 % de tout l'argent que tu fais. Lorsque tu peins, tu ne lui rapportes rien. Lorsque tu touches un cachet pour un événement quelconque, tu lui rapportes un revenu. Ne vois-tu pas son jeu ? Il n'a aucun intérêt à te laisser du temps pour peindre. Jamais il ne mettra fin à tout ce cirque. »

Fannie pleurait sans arrêt, en murmurant d'une voix à peine audible et étranglée par les sanglots : « Ne pars pas, Hugo... S'il te plaît, reste... »

Hugo poussa un long soupir. « Je suis désolé, Fannie. Je suis aussi brisé que toi intérieurement. Je ne pensais jamais devoir prendre cette décision, mais tu ne me laisses pas le choix. Tu n'es plus que l'ombre de toi-même. Tu n'es plus celle que j'ai aimée et admirée. »

Il se leva pour monter à l'étage faire ses valises. Juste avant de quitter la pièce, il se tourna vers Fannie : « As-tu donc oublié tout ce que David Marteens t'a appris ? »

Fannie ne dit rien et resta prostrée sur elle-même en pleurant.

Hugo monta à l'étage. En moins d'une heure, il fit ses bagages. Il redescendit et sortit sans dire un mot, mais surtout sans porter attention à Fannie qui pleurait et murmurait inlassablement, tel un douloureux mantra : « Je t'en prie, reste... Je t'en prie, reste... Je t'en prie, reste... »

Chapitre 4

*U*n dicton bien connu prétend qu'un malheur n'arrive jamais seul. Dans la vie de Fannie, ce dicton s'était révélé exact. Et une fois de plus, Fannie allait être doublement éprouvée.

Au lendemain du départ d'Hugo, l'aube naissante trouva Fannie recroquevillée sur la causeuse du salon. À bout de larmes, elle avait fini par s'endormir.

Désemparée par la décision d'Hugo, elle était restée de longues heures perdue dans ses pensées. Comment Hugo et elle en étaient-ils arrivés là ? Qu'allait-elle devenir ? Elle avait retourné ces questions dans sa tête durant des heures, jusqu'à ce que le corps n'en puisse plus et qu'il sombre dans le sommeil.

Graduellement, le soleil éclaira la pièce et ramena Fannie à sa réalité. Le silence qui pesait sur elle et les innombrables papiers-mouchoirs jonchant le plancher lui rappelèrent cruellement que ce cauchemar n'en était pas vraiment un. Hugo était bel et bien parti.

Péniblement, elle monta à l'étage, fit couler un bain très chaud et s'y glissa. Pêle-mêle, les souvenirs, les questions et les doutes traversaient son esprit, accompagnés d'un profond sentiment de culpabilité. Certainement, tout était sa faute. Comment avait-elle pu se laisser happer par un tel tourbillon sans s'en rendre compte ? Elle avait foutu en l'air son bonheur. Pourquoi avait-elle permis cela ?

La sonnerie du téléphone la fit sursauter. Elle se redressa et s'empara du combiné tout près de la baignoire.

« Hugo ? dit-elle nerveusement.

– Hugo ? Non, ce n'est pas Hugo, c'est Steven.

– Ah… Steven… », reprit Fannie, déçue.

Steven ne se formalisa pas du manque d'enthousiasme de Fannie. Il la croyait encore en colère pour la soirée chez le milliardaire américain. Il alla directement au but de son appel.

« Tu devrais consulter ton blogue, Fannie, il y a des messages inquiétants… »

Fannie l'interrompit. « Je n'ai vraiment pas le cœur à lire des messages sur un blogue, crois-moi.

– Qu'est-ce qui t'arrive ? Toujours fâchée pour l'autre soir ? »

Fannie soupira. Elle était absorbée par le besoin de s'isoler et de comprendre ce qui lui arrivait. Elle hésita, mais préféra ne pas annoncer le départ d'Hugo à Steven. Il aurait cherché à contrôler la situation afin que les médias ne l'apprennent pas.

« Je ne me sens pas bien, c'est tout. »

Ne se doutant de rien, Steven revint au but de son appel.

« D'accord, mais tu as tout de même intérêt à consulter ton blogue.

– Qu'y a-t-il de si important sur mon blogue ? reprit Fannie, dans un soupir de lassitude.

– De nombreux messages font référence au suicide d'un jeune homme de vingt ans.

– Et en quoi cela me concerne-t-il ?

– Eh bien, selon les jeunes qui écrivent les messages, il semblerait que le jeune homme était accablé de dettes et qu'il s'est suicidé parce qu'il n'en pouvait plus d'être harcelé par ses créanciers.

– Steven, c'est triste, mais je ne vois toujours pas en quoi cet incident me concerne.

– Le jeune homme était un visiteur assidu de ton site. Il participait aussi couramment à ton blogue. En fait, il s'inspirait de tes conseils pour mener une vie qu'il n'avait pas les moyens de vivre. Ses amis t'accusent de l'avoir poussé au suicide. »

Fannie sursauta. « Quoi ? Mais tu sais bien que ce n'est pas moi qui écris sur le site ou sur le blogue. C'est celui que tu as embauché qui le fait à ma place.

– Je sais, mais il écrivait sous ton nom. Les blogueurs sont persuadés que c'était toi qui leur répondais.

– Tu disais qu'il faisait un excellent travail…

– Ouais, mais il a un peu exagéré.

– Comment ça, un peu exagéré ?

– Il a dévié de ta philosophie. Il s'est laissé emporter par un enthousiasme débordant. Il s'est mis à encourager les gens à se procurer tout ce qu'ils désiraient, quand bien même ils devraient s'endetter pour le faire. Faut pas lui en vouloir, pour lui, c'était ça, vivre la vie de ses rêves. »

Fannie n'en revenait pas. Hugo avait raison. Elle aurait dû l'écouter. Ce blogue s'était éloigné des valeurs que Fannie défendait. Et cela avait mené un jeune homme à commettre l'irréparable.

« Tu te rends compte du drame que nous avons causé ? Un garçon de vingt ans s'est enlevé la vie par notre insouciance. C'est affreux, Steven. Qu'allons-nous faire ? »

Stoïque et sûr de lui comme à son habitude, Steven avait déjà un plan.

« Pour ce garçon, on ne peut rien faire. Il faut se concentrer sur toi et ta carrière. Si les journalistes ébruitent cette nouvelle, ton image et ta carrière en souffriront. Déjà, un journaliste a tenté de me joindre hier soir. Voici la version que nous allons…

– Non ! » hurla Fannie.

Steven se figea devant une réaction aussi inhabituelle de Fannie. Un silence plana durant de longues secondes.

« Ça suffit, Steven. J'arrête tout, dit Fannie d'une voix calme.

– Quoi ?

– Tu as bien compris. J'arrête tout.

– Mais tu ne peux pas tout arrêter ainsi. Et nos engagements ?

– Annule-les tous, rétorqua Fannie.

— Tu es cinglée ? Tu penses à tout l'argent que nous allons perdre ? » argumenta Steven.

J'ai perdu Hugo. Un jeune homme a perdu la vie. Quelle importance peut avoir l'argent après cela ? pensa Fannie.

« L'argent n'a pas autant de valeur que la vie. Je me sens responsable de la mort de ce jeune homme, précisa-t-elle.

— On ne l'a quand même pas tué, ce gamin, se défendit Steven.

— Pour moi, c'est tout comme. J'ai perdu le contrôle de ma propre vie et j'ai laissé les choses se détériorer sans agir. Je me sens pitoyable, Steven. J'ai besoin de me retirer et de réfléchir pour un temps.

— Tu n'as pas le droit d'agir de la sorte. Je te signale qu'un contrat nous lie, tous les deux, rétorqua l'agent.

— Alors, je t'en libère.

— Oh ! Non ! Ce ne sera pas aussi simple. Je vais te poursuivre en justice pour rupture de contrat », menaça Steven en raccrochant violemment le téléphone.

Fannie déposa le combiné, sortit du bain et enfila un peignoir. Elle descendit à son bureau et alluma son ordinateur. Elle se dirigea vers son site, puis son blogue.

Elle lut tous les messages qui s'y trouvaient. Des dizaines d'amis du jeune homme décédé exprimaient leurs émotions, leur désarroi, leur colère envers Fannie, leurs encouragements pour la mère, leurs prières pour leur ami…

Il s'appelait Gabriel. Il venait d'avoir vingt ans…

Fannie pleura silencieusement. La mort tragique de Gabriel ravivait une vieille blessure en elle, une blessure qu'elle croyait cicatrisée depuis longtemps, mais qui venait de s'ouvrir à nouveau et qui lui brûlait les entrailles. Elle porta les mains à son ventre, elle se courba et sanglota en murmurant : « Mon enfant… mon enfant… »

Chapitre 5

C'était il y a vingt ans déjà. L'âge de Gabriel. Une grossesse accidentelle… un avortement.

Fannie était devenue enceinte involontairement. Elle avait toujours souhaité être mère ; Hugo n'avait jamais voulu d'enfant. Le divorce de ses parents lorsqu'il était jeune l'avait profondément marqué. Par amour pour Hugo, Fannie avait accepté que leur couple n'ait pas d'enfant. Mais lorsque le médecin lui avait annoncé qu'elle était enceinte, elle s'était mise à espérer qu'Hugo reviendrait sur sa décision. Qu'il accepterait cet enfant inattendu. Elle y avait vraiment cru. En vain. Hugo était demeuré ferme dans sa décision de ne pas avoir d'enfant, se campant encore plus dans sa position. Les efforts de Fannie pour convaincre Hugo s'étalèrent sur des semaines parsemées de pleurs, de disputes, d'argumentations…

Devant la menace d'Hugo de mettre un terme à leur relation, Fannie avait cédé et opté à contrecœur pour une interruption de grossesse volontaire. Elle s'était rendue toute seule à la clinique où se pratiquait l'avortement. Comme elle était la seule à désirer cet enfant – à l'aimer, même s'il n'était encore qu'un fœtus –, elle pensait qu'elle devait être la seule à l'accompagner dans la mort. Fannie était arrivée à la clinique avec la vie en elle ; elle en était ressortie avec un vide au cœur et au ventre.

Au fil des mois, la vie avait repris son cours. Hugo et elle n'avaient jamais reparlé de cette grossesse. Mais elle n'avait jamais cessé d'y penser. Chaque année, elle calculait l'âge de cet enfant, elle imaginait ce qu'il ferait, ses jeux, ses amis, ses cours, ses premières amours…

Elle avait toujours aimé cet enfant sans même l'avoir connu ; elle l'avait toujours pleuré.

Bien des années avaient passé et Fannie avait cru la blessure refermée, guérie, cicatrisée…

Mais, vingt ans plus tard, la vie semblait la placer dans une situation similaire. Le départ d'Hugo et surtout le suicide du jeune Gabriel avaient ravivé sa blessure, jusqu'à lui causer une intense douleur au ventre.

Pourquoi devait-elle revivre de telles souffrances ? Quel était le sens de ses épreuves ? Que lui arrivait-il donc ?

En fouillant sur le blogue, elle découvrit une photo de Gabriel. C'était un beau jeune homme aux cheveux foncés et aux yeux verts. Sur la photo, il semblait heureux. Il était tout sourire.

Désireuse d'en apprendre plus au sujet de Gabriel, elle accéda à sa page Facebook. Elle y trouva d'autres photos. Elle sourit en lisant qu'il adorait les arts, principalement le dessin, et la nature. Mais des larmes voilèrent ce sourire lorsqu'elle songea à l'avenir du jeune homme, volé en éclats en même temps que sa vie.

Toute la culpabilité que Fannie avait dû combattre après son avortement l'accablait à nouveau. Elle se sentait responsable de deux morts d'enfants. Le sien, dont elle n'avait pas su défendre la survie auprès d'Hugo, et Gabriel, qu'elle n'avait pas protégé des valeurs fausses transmises par d'autres en son nom.

Fannie trouva aisément le numéro de téléphone de Gabriel, qui habitait chez sa mère au moment du drame. Hésitante, mais poussée par un intense besoin de parler à la mère du jeune homme, Fannie composa le numéro.

Lorsque la mère de Gabriel répondit, Fannie se présenta. Elle lui offrit ses condoléances et lui exprima à quel point elle était désolée et se sentait coupable.

La mère de Gabriel ne dit rien, se contentant d'écouter.

Fannie osa lui raconter son propre deuil d'enfant, sa blessure, son avortement... Pour la première fois, elle dévoilait son douloureux secret. Elle espérait qu'une autre mère souffrant de la perte d'un enfant saurait la comprendre.

Pour toute réponse, la mère de Gabriel dit sèchement à Fannie qu'elle avait dorénavant la mort de deux enfants sur la conscience.

L'appel s'acheva sur cette remarque, qui laissa Fannie dévastée. Pourtant, elle n'arrivait pas à en vouloir à cette femme éplorée. Sa souffrance devait être si insupportable qu'elle ne pouvait accueillir celle de quelqu'un d'autre. Et puis Fannie, elle-même, se sentait coupable. Elle comprenait que la mère de Gabriel la tienne elle aussi responsable de la mort de son fils.

Au milieu de sa vie en ruine, de ses pleurs et de sa souffrance, Fannie se sentit plus seule que jamais.

Si seulement David était encore là, pensa-t-elle en songeant à son vieil ami. Il semblait avoir tout réussi dans sa vie, tandis que pour sa part, elle devait se rendre à l'évidence : elle avait lamentablement échoué à tous les niveaux.

Oh! bien sûr, sa carrière avait atteint des sommets inégalés, mais le prix qu'elle devait maintenant payer ternissait ce succès. À quoi servent la richesse et la gloire lorsque l'on est seul et que l'on souffre ?

Comment David avait-il pu conserver son équilibre ? Comment avait-il géré le succès ? Le vieux peintre était décédé avant que Fannie puisse lui poser toutes ces questions. Il l'avait accompagnée jusqu'à sa décision de suivre son cœur et de réaliser sa raison d'être. Mais Fannie avait affronté seule le succès.

Elle était persuadée que s'il avait toujours été de ce monde, David Marteens lui aurait évité cette déroute monumentale. Mais il était trop tard maintenant. David n'était plus là.

Ce matin-là, pour la première fois depuis quinze ans, David Marteens manquait atrocement à Fannie. Tellement qu'elle ressentit le besoin de retourner sur les traces du peintre.

Chapitre 6

*F*annie gara la voiture près du grillage de l'entrée du cimetière. Elle en descendit et demeura immobile de longues minutes, observant ce décor qu'elle n'avait pas revu depuis des années, ce décor qui la ramenait quinze ans en arrière dans ses souvenirs : la première fois que David l'y avait amenée, la mise en terre des cendres du peintre, la lecture de la lettre que David lui avait laissée à sa mort…

Tous ces moments avaient été déterminants dans le cheminement de Fannie. À travers eux, elle avait trouvé la force, le courage et l'inspiration de changer sa vie et de suivre la passion qui brûlait son cœur : la peinture.

Peut-être connaîtrait-elle la grâce de renouer avec ces sentiments qui l'avaient si bien servie auparavant…

Fannie remonta l'allée principale puis bifurqua à travers les pierres tombales. Elle reconnut celle de David Marteens, non loin du majestueux chêne sous lequel elle avait lu la lettre de David.

Fannie s'avança jusqu'à la pierre tombale de David, s'assit dans l'herbe et parla à son ami à voix basse.

« David, dans la dernière lettre que vous m'avez laissée, vous disiez que vous applaudiriez mon succès à partir de cette autre dimension à laquelle vous appartiendriez désormais. Mais on n'applaudit pas les désastres, n'est-ce pas ? J'ai lamentablement échoué, David. J'en suis désolée. Vous disiez vous être reconnu en moi. Malheureusement, je n'ai pas été à la hauteur de vos espoirs. Pardonnez-moi de vous décevoir, David. »

Fannie éclata en sanglots.

« … Ma vie est une telle catastrophe… Dieu sait que je n'ai pas voulu une telle tournure… David, j'aurais tant besoin de vous parler, d'entendre votre voix, d'écouter vos conseils… Vous me manquez, David, vous me manquez cruellement… »

Durant de longues minutes, elle resta ainsi, assise, immobile, sanglotant, perdue dans ses pensées. Elle repassait intérieurement les événements des derniers jours : le vide existentiel qu'elle ressentait de plus en plus malgré son succès, sa prise de conscience de la manipulation que son agent exerçait sur elle, le départ d'Hugo, le suicide de Gabriel, que les journalistes allaient certainement dévoiler au public… Rien n'allait plus dans sa vie.

Ce jour-là, à l'image du ciel noir et menaçant, l'orage sévissait dans le cœur de Fannie. La culpabilité grondait et roulait en elle comme le tonnerre, la douleur la frappait comme l'éclair et la désolation s'abattait sur elle telle une pluie torrentielle.

Là, dans ce cimetière qui l'avait vue renaître quinze ans auparavant, Fannie eut le désir de mourir. Là, au milieu des pierres tombales silencieuses et des douloureuses ruines de sa vie, elle souhaita que tout s'arrête.

Mais la vie est plus forte que le désespoir. Et à celui qui sait observer, elle indique toujours la voie à suivre.

L'espace d'un instant, une éclaircie se créa entre les nuages et un rayon de soleil en profita pour se faufiler. La lumière du soleil éclaira la pierre tombale de David Marteens. Fannie releva les yeux. Dans l'herbe, au pied de la pierre tombale, elle remarqua un objet qui brillait sous le rayon de soleil. Elle s'étira et ramassa l'objet. Un stylo ! Un stylo fait de bois et de pierre turquoise. Les embouts en or avaient reflété la lumière du soleil et attiré le regard de Fannie. Sur le stylo, une inscription était gravée :

D. Marteens
Académie des arts en nature

Intriguée, Fannie conclut d'abord que ce stylo avait jadis été la propriété de David Marteens. Mais le peintre était mort depuis quinze ans, et ce stylo était neuf, de toute évidence. Il était encore éclatant et en parfaite condition. Il ne pouvait avoir séjourné dans l'herbe aussi longtemps. Fannie observa que l'herbe n'était pas fraîchement coupée. C'est sans doute pourquoi le stylo n'avait pas encore été récupéré. Quelqu'un avait dû le laisser tomber par mégarde sans s'en rendre compte.

Mais pourquoi le nom de Marteens était-il gravé sur le stylo ? Et celui de l'académie ? Était-ce une relique ou un objet appartenant au musée consacré à David Marteens, musée que Fannie elle-même avait contribué à mettre sur pied ? Peut-être, mais ça ne cadrait pas avec l'allure neuve du stylo.

Et si elle se rendait à l'académie ? Peut-être trouverait-elle le propriétaire du stylo ? Elle sentait intérieurement qu'elle devait y aller, que tout cela avait un lien avec David Marteens. Elle pensa même que ce stylo n'était pas parvenu entre ses mains par hasard.

Décidée à se rendre à l'académie, Fannie se leva d'un bond.

Au même moment, l'éclaircie s'effaça et le rayon de soleil s'estompa.

Chapitre 7

*D*ès qu'elle descendit de sa voiture, Fannie se sentit inondée de souvenirs heureux et apaisants. C'était à l'académie que sa vie avait pris un tournant majeur. Elle se remémora le premier atelier auquel elle avait assisté, sa rencontre avec David Marteens, les longues discussions avec lui dans le boisé derrière, les funérailles de David qui avaient été célébrées entre les murs de l'académie…

D'abord hésitante à affronter tant de souvenirs, elle se décida à sonner à la porte d'entrée. Elle se demanda alors si Marcel Miller, le fidèle ami de David et le gardien dévoué de son œuvre, était toujours le directeur de l'académie. Ou peut-être était-il lui aussi…

La porte s'ouvrit sur un homme d'une quarantaine d'années.

« Bonjour », dit-il en fixant Fannie dans les yeux, comme s'il était surpris de la voir.

Habituée d'être reconnue, Fannie n'y prêta pas attention.

« Est-ce que Marcel Miller est là, je vous prie ?

— Je regrette, Marcel est décédé il y a trois ans déjà. C'est moi qui dirige l'académie depuis, répondit l'homme en regardant toujours Fannie droit dans les yeux.

— Oh, je suis désolée d'apprendre la mort de monsieur Miller. Je l'ignorais. »

Le visage de l'homme et surtout son regard lui semblaient familiers, mais elle ne s'y attarda pas. Elle était plutôt gênée de se présenter dans un état si lamentable, les yeux rougis par les pleurs, les traits tirés par la fatigue et le chagrin.

Regrettant soudainement d'être venue à l'académie, elle souhaita en repartir sans tarder.

« Écoutez, j'ai trouvé ce stylo au pied de la pierre tombale de David Marteens, tout à l'heure, et je suis venue vous le remettre. Puisque son nom est gravé dessus, j'ai pensé que c'était peut-être une sorte de pièce souvenir du musée consacré à David », dit Fannie en tendant le stylo à l'homme.

Ce dernier s'empressa de le prendre en s'exclamant : « Mon stylo !

– Votre stylo ? répéta Fannie, étonnée.

– Depuis hier que je le cherche. Je croyais bien l'avoir perdu. »

Fannie cherchait à comprendre. « Mais, il est inscrit D. Marteens sur le stylo… Voyez vous-même », insista-t-elle en pointant du doigt l'inscription gravée sur le stylo.

L'homme sourit et parut amusé de la confusion évidente de Fannie.

« Le D est pour Daniel, spécifia-t-il.

– Daniel ?... Daniel… Marteens ?

– Daniel Marteens, le fils de David », précisa l'homme.

Fannie était estomaquée. Elle fixa Daniel.

« J'ignorais que David avait un fils. »

Daniel Marteens éclata de rire. « Vous n'êtes pas la seule à l'ignorer. Mon père était comme ça. Il parlait très peu de sa vie privée. Pour lui, l'intimité d'une relation amoureuse, d'une famille ou même d'une amitié était sacrée. Il disait toujours que ça ne concernait pas le reste du monde et que c'était la seule façon d'assurer une longue vie à nos relations intimes. »

Fannie lui sourit maladroitement. Elle avait un peu honte en pensant à sa propre vie qui s'étalait fréquemment sur la place publique.

« Il avait sans doute raison, dit-elle d'une voix presque éteinte.

– Je vous remercie de m'avoir rapporté mon stylo. J'y tiens beaucoup. C'est un cadeau d'une personne qui fut importante dans ma vie. J'ai dû l'échapper hier. Je vais régulièrement me recueillir sur la pierre tombale de mon père. C'est là que j'écris mon journal personnel. Je tiens ça de lui, vous savez… écrire mes observations sur la vie. »

Fannie scrutait le visage de Daniel. « Vous avez ses traits et la profondeur de son regard.

– On me le dit souvent », confirma Daniel.

Daniel était aussi grand que David. Sa chevelure peignée vers l'arrière lui donnait un air quelque peu bohème. Fannie se souvint alors de l'avoir aperçu aux funérailles de David. Il était aux premières loges lors de la cérémonie, mais il était resté discret et silencieux. Elle n'avait jamais pensé à un lien de parenté avec David. Elle avait plutôt cru que Daniel était un invité parmi tant d'autres, un de ceux que David avait inspirés à vivre la vie de leurs rêves.

« Et vous, vous êtes Fannie Létourneau, la grande peintre », dit Daniel, sortant Fannie de ses réflexions.

Fannie acquiesça de la tête en baissant les yeux. Elle ne se sentait pas à la hauteur de ce titre. Troublée par la rencontre du fils de David Marteens et désorientée par la déroute de sa vie, Fannie chercha à s'esquiver.

« Pardonnez-moi, je dois m'en aller maintenant !

– Attendez ! Je voudrais vous inviter à une partie de *bowling* ! » lança Daniel.

Abasourdie par cette offre, Fannie s'immobilisa. Elle fixa Daniel, incertaine s'il se moquait d'elle ou non.

« Écoutez, si c'est une blague, elle n'est pas amusante du tout. Et si votre offre est sérieuse, alors sachez que je n'ai pas du tout le goût de jouer au *bowling* ou de faire quoi que ce soit d'autre d'ailleurs », clama Fannie sur un ton cassant.

Daniel ne parut pas intimidé par la mise au point de Fannie. Il reprit sans hésiter.

« Je ne blague pas, Fannie. Je sais ce que vous traversez. »

Étonnée, Fannie jeta un regard interrogateur à Daniel.

« Ça tourne en boucle aux bulletins de nouvelles… Le suicide du jeune homme, vos déboires amoureux, votre agent qui dénonce votre attitude…

– Quoi ? Déjà ? »

Fannie baissa la tête. Tous les pans de sa vie s'effondraient les uns après les autres. Avec les reportages des journalistes, même sa réputation et sa carrière allaient maintenant être ravagées. L'idée d'en finir avec la vie reprit le dessus.

Daniel la sortit de ses sombres pensées.

« Fannie, un jour, je suis revenu vers mon père après avoir tout perdu et tout gâché. J'avais été le directeur d'un important musée à Boston. J'avais eu un début de carrière prometteur. La pression était suffocante. Pour m'en libérer, j'avais commencé à jouer au casino. C'est rapidement devenu une dépendance. Au bout de deux ans, j'étais mis à pied et abandonné par ma femme. Seul, fauché et criblé de dettes, je suis rentré au pays. En m'accueillant, mon père a simplement dit : "Et si on allait jouer au *bowling*, mon fils !" Et j'y suis allé. »

Daniel se tut pour permettre à Fannie de bien saisir la teneur de ses révélations.

Fannie le fixa. Et si cette invitation était un second rayon de soleil dans sa journée ?

Ils se regardèrent quelques instants, sans parler. En quelques mots, Daniel avait su se placer au diapason de Fannie. Elle savait maintenant qu'il la comprenait et qu'il pouvait peut-être l'aider, comme David avait lui-même aidé son fils.

« Alors, on la fait, cette partie de *bowling*, Fannie ? » dit Daniel en lui souriant tendrement.

Chapitre 8

« Vous savez, Daniel, je ne suis pas vraiment portée sur le *bowling*, insista Fannie en descendant de la voiture.

– Moi non plus, figurez-vous ! s'amusa Daniel. Mais lorsque j'y suis venu avec mon père, il m'a appris une leçon importante.

– Une leçon ? Ici ?

– Oh, disons plutôt que j'y ai fait une prise de conscience. Ce fut salutaire pour moi. Et puis, vous verrez, ce n'est pas si mal comme jeu », assura Daniel.

Fannie et Daniel entrèrent dans le salon de *bowling*. Daniel insista pour payer puisque c'était lui qui avait formulé l'invitation.

Le préposé leur remit les indispensables – mais ô combien affreuses ! – chaussures que Fannie et Daniel enfilèrent sans tarder.

Alors que Fannie se dirigeait vers l'allée que le préposé leur avait assignée, Daniel la tira par le bras.

« Venez par ici, insista-t-il. Assoyons-nous là quelques instants.

– Nous ne jouons pas ? demanda Fannie, étonnée. Notre allée est de ce côté !

– Je sais. Observez cette partie en cours d'abord.

– Observer ? Écoutez, Daniel, je ne suis sans doute pas une experte, mais je sais tout de même comment se déroule ce jeu », répliqua Fannie.

Daniel lui signifia de se taire et lui désigna un siège. Un peu impatiente d'en finir, et toujours aussi peu convaincue du bien-fondé d'une partie de *bowling* à ce stade douloureux de sa vie, Fannie se prêta aux consignes de Daniel, non sans avoir d'abord poussé un long soupir.

Un joueur s'élança après quelques instants de concentration. La boule roula à vive allure, mais ne fit tomber que cinq quilles. Il prit une seconde boule, se concentra plus longuement et s'élança à nouveau. Le tir fut meilleur, mais une quille résista.

Sur l'allée juste à côté, un second joueur prit place à son tour. Il attrapa une boule, se concentra, puis s'élança avec douceur et précision. La boule traversa l'allée, frappa les quilles au bon endroit et les fit toutes tomber.

Fannie se tourna vers Daniel pour lui signifier que c'était un bon coup. Mais Daniel ne broncha pas. Il fixait l'allée et les quilles tombées tout au bout.

Soudain, un énorme râteau mécanisé descendit jusqu'à l'allée, balaya les quilles derrière le bout de l'allée tandis qu'un autre mécanisme automatisé replaçait dix nouvelles quilles sur le jeu.

Daniel se tourna alors vers Fannie.

« Avez-vous compris ? » lui demanda-t-il.

Surprise par la question, Fannie crut d'abord qu'il parlait de la technique du quilleur.

« Je crois que oui. Il faut que la boule frappe les quilles au bon endroit pour les faire tomber. C'est cela ?

– Non, non, je ne parle pas de la technique de jeu. Je vous parle des messages derrière tout cela. Avez-vous saisi le message symbolique ? »

Fannie ne comprit rien à ce que Daniel racontait.

« Écoutez, Daniel, je n'ai pas la tête aux devinettes, croyez-moi. J'ai accepté de vous suivre jusqu'ici, mais j'avoue que je me demande bien pourquoi. »

Daniel ne s'offusqua aucunement de la réaction de Fannie. Au contraire, il enchaîna avec une question.

« Lorsque les quilles sont tombées, avez-vous remarqué ce qui s'est ensuite passé ?

– Vous parlez du mécanisme qui a balayé l'allée et remis de nouvelles quilles sur le jeu ?

— Exactement, dit Daniel, enthousiaste. Saisissez-vous l'analogie avec la vie ?

— Pas du tout. Vous me perdez, Daniel » répondit Fannie, confuse et embarrassée de ne pas saisir ce qui semblait si évident pour Daniel Marteens.

Ce dernier ne se fit pas prier pour fournir des explications à Fannie.

« Dans votre vie, dernièrement, une boule d'événements tragiques a fait tomber vos quilles. Tout s'est écroulé. À l'image du râteau mécanisé sur l'allée, la vie a tout balayé sur votre route. »

Fannie suivait maintenant les explications de Daniel Marteens avec intérêt. Elle commençait à comprendre l'analogie.

« Un grand balayage, insista Daniel, comme nous en connaissons tous un jour ou l'autre. Mais ce qui suit est encore plus intéressant à retenir. »

Daniel fit une pause, comme pour s'assurer que Fannie l'écoutait attentivement.

Il reprit. « Lorsque les quilles furent tombées et balayées, un mécanisme a déposé de nouvelles quilles. Pour le joueur, la partie se poursuit : d'autres boules rouleront sur l'allée, d'autres quilles tomberont et d'autres seront déposées. »

Daniel marqua une pause en fixant Fannie. Il reprit sans tarder.

« La vie balaie parfois nos quilles. Tous les morceaux de notre univers semblent s'écrouler. Mais la vie replace aussi de nouvelles quilles. Elle nous offre une nouvelle partie. Le jeu de la vie n'est pas terminé, même s'il y a eu un grand balayage. »

Cette fois, Fannie saisissait bien l'analogie. Peu importe le grand balayage que la vie peut causer sur notre route, elle placera également un nouveau jeu. Elle offrira un nouveau départ, de nouvelles possibilités.

Daniel observa Fannie dans ses réflexions.

« Même si tout s'écroule dans votre vie, la partie se poursuit, ajouta-t-il. La vie vous remet une boule entre les mains et vous invite à vous élancer de nouveau.

– Je comprends, dit Fannie.

– Fannie, la vie nous donne toujours une deuxième chance, conclut Daniel. Retenez-le bien et accrochez-vous à cette certitude. Cette seule prise de conscience est un pas vers la guérison des douleurs ou des erreurs de notre existence. C'est ce que mon père m'a appris en m'amenant ici, à mon retour vers lui. Et c'est à partir de cette salle de *bowling* que j'ai pris un second départ dans la vie. »

Fannie acquiesça d'un signe de tête. « Ça lui ressemble, cette façon de découvrir des analogies avec la vie dans des situations inusitées », dit-elle en souriant.

Daniel acquiesça à son tour. « Vous avez raison. Mon père avait ce don de comprendre la vie à travers tout ce qui l'entourait. »

Daniel ne voulut pas verser dans la nostalgie, devinant très bien la fragilité de Fannie. Il enchaîna dans un large sourire : « Et vous savez ce que mon père m'a dit après m'avoir enseigné cette leçon ?

– Non…, répondit Fannie, curieuse.

– "Maintenant, amusons-nous !" Voilà ce qu'il m'a dit. Et c'est ce que je vous dis à mon tour. Vous savez, Fannie, l'apitoiement et l'inquiétude n'ont jamais réglé un problème, tandis que la détente et la légèreté de l'esprit ont toujours favorisé les solutions. »

Fannie sourit à Daniel. Un changement d'attitude s'opérait déjà en elle.

La vie renaît parfois dans des endroits inattendus.

Chapitre 9

*F*annie et Daniel Marteens avaient joué au *bowling* durant près de deux heures. Le fils de David Marteens avait réussi à entraîner Fannie dans un état d'esprit allégé. Il était même parvenu à la faire sourire.

En quittant la salle de *bowling*, ils s'étaient arrêtés à un restaurant thaïlandais pour y ramasser deux repas qu'ils avaient apportés à la demeure de Daniel, une petite maison adjacente à l'Académie des arts en nature.

Ils avaient mangé en échangeant sur leur vie respective. Fannie raconta à Daniel ses années de travail sans passion, la rencontre avec son père, le cheminement parcouru par la suite, son ascension vers le succès jusqu'à la perte de contrôle de sa vie qui l'avait menée au désespoir… et au cimetière où David Marteens était enterré.

À propos de Daniel Marteens, elle apprit qu'il avait vécu la majeure partie de son enfance auprès de sa mère, à l'extérieur du pays. Quand lui et sa mère retournèrent auprès de David, Daniel développa, au contact de son père, une passion pour l'art, principalement pour la conservation et la collection d'œuvres. Il trouva ainsi sa voie et étudia dans de prestigieuses écoles. À la fin de ses études, il avait obtenu le poste de directeur général d'un prestigieux musée à Boston. Exilé loin des siens et croulant sous une pression considérable, il avait sombré dans le jeu qui, au départ, n'était qu'une distraction. Mais rapidement et sournoisement, elle s'était transformée en une dépendance dévastatrice. Il perdit tout : ses avoirs, son emploi, sa réputation et sa femme, une Bostonienne qu'il avait mariée peu après son arrivée dans la ville américaine. Le cœur aussi vide que les poches, il avait décidé de venir retrouver son père. Pendant des années, il avait assisté Marcel Miller dans la gestion de l'académie et dans la diffusion des œuvres de son père. Il assumait seul ces tâches maintenent depuis le décès de Marcel Miller.

« C'est une vie beaucoup moins *jet-set*, si je puis dire, mais tellement plus en lien avec mon "centre", conclut-il en versant deux tasses de thé vert.

– Votre quoi? demanda Fannie en acceptant la tasse que lui tendait Daniel.

– Mon centre », répéta Daniel.

Devant le regard interrogateur de Fannie, Daniel s'expliqua. « C'est une expression qui était chère à mon père. Selon lui, il y a en chacun de nous un espace sacré, directement en lien avec notre raison d'être. Lorsque nous nous efforçons de demeurer dans cet espace intérieur, nous sommes alignés sur notre mission de vie. Tout concourt alors à notre réussite, tandis que lorsque nous nous éloignons de cet espace, des événements étrangers à notre véritable rôle surviennent. Avec le temps, le chaos s'installe dans notre vie. Il avait désigné cet espace comme étant le centre de notre être et de notre vie, une sorte de pivot central où tout s'orchestrait en harmonie et en équilibre. »

Fannie suivait attentivement les explications de Daniel dans lesquelles elle retrouvait la sagesse de David.

Daniel fit une pause afin de boire une gorgée de thé. Il déposa sa tasse et reprit la discussion.

« Cet espace central en chacun de nous est en quelque sorte la pierre angulaire de toute la philosophie de vie de mon père. C'est sur cette conviction qu'il s'appuya pour mener sa vie et surtout pour gérer son immense succès.

– Il y est parvenu de façon admirable, fit remarquer Fannie.

– Et comment! Il a réussi à demeurer en équilibre malgré sa renommée indéniable », approuva Daniel.

Fannie plongea à nouveau dans ses pensées. Lorsqu'elle comparait sa vie à celle de David, elle ne pouvait que constater à quel point elle n'avait pas su conserver son équilibre et son harmonie à travers son succès et sa carrière. Contrairement à David Marteens, elle avait tout raté. Ou peut-être la vie de David avait-elle été tout simplement plus facile que la sienne… Ou encore Fannie avait peut-être dû affronter plus d'embûches que lui…

Tout en sirotant son thé, Daniel observait Fannie perdue dans ses pensées.

« Votre père a connu une belle vie, lança soudainement Fannie, sur un ton presque envieux.

– Vous avez raison, acquiesça Daniel. Mais ne vous méprenez pas, Fannie. Mon père a aussi connu son lot d'épreuves, de tentations, de faux pas, d'égarements. Sa force a toujours été de se relever et d'en tirer une leçon, s'améliorant ainsi sans cesse. »

Fannie s'étonna des paroles de Daniel.

« Personne n'est parfait, Fannie. Et personne n'est exempt d'épreuves », précisa Daniel.

Il prit une longue gorgée de thé cette fois, puis il reprit.

« Mon père croyait fermement que chaque vie renfermait nombre de germes de potentialités, de graines de possibilités, comme autant d'heureuses promesses. Malheureusement, il avait observé que bien peu de gens s'efforçaient de réaliser toutes les promesses que leur vie recelait. Il disait souvent qu'il trouvait triste de voir toutes ces potentialités inexploitées. »

Les paroles de Daniel agissaient comme un baume sur les douleurs de Fannie. Elle avait l'impression de retrouver l'essence de David à travers les explications de son fils. Mais cela faisait en sorte que la présence de David lui manquait encore plus.

« Dommage que je n'aie pas eu le temps d'échanger sur tout cela avec lui » dit-elle, au bout de ses réflexions.

Elle regarda sa montre pour constater que le temps avait filé rapidement. Daniel comprit que Fannie se préparait à partir.

Il se leva. « Attendez-moi un instant. J'ai quelque chose à vous montrer avant que vous partiez. »

Il quitta la pièce pour quelques minutes et revint s'asseoir avec, en ses mains, un vieux cahier.

« Qu'est-ce que c'est ? » demanda-t-elle.

Daniel mit le cahier sur ses genoux et y posa les mains. « C'est le carnet de notes de mon père, dit-il.

– Vraiment ?

– Je l'ai trouvé après sa mort, en faisant le tri de ses affaires. Je n'en connaissais pas l'existence jusque-là. Je l'ai lu d'un trait sans pouvoir m'arrêter. Et depuis, je le parcours souvent pour une inspiration, pour mieux comprendre ce que je vis ou même simplement pour le plaisir d'explorer toujours plus la philosophie de mon père.

– Ce sont ses mémoires ? s'enquit Fannie.

– Pas vraiment. Je dirais plutôt que c'est la compilation de ses notes personnelles sur la vie, de ses observations, de ses découvertes sur le sens de l'existence. »

Il tendit le cahier à Fannie en ajoutant ceci : « Je le considère comme son testament philosophique… un héritage spirituel qu'il nous a légué. »

Fannie prit le cahier avec respect, pressentant toute l'importance de son contenu. Elle le contempla. Il s'agissait d'un carnet de notes vieillot, aux coins écornés, aux feuilles jaunies, tout écrit à la main. Une marguerite avait été dessinée sur la couverture… sans doute par David lui-même.

Elle l'ouvrit et lut la dédicace :

À toi qui cherches le sens de la vie et le secret du bonheur, je transmets mes notes et mes observations sur la vie. Puissent-elles te guider et t'inspirer.

Un frisson parcourut le corps de Fannie. *C'est bien David*, pensait-elle, *respect et simplicité !* Elle avait l'impression de retrouver David, d'être en sa présence. Tenir ce cahier et en lire le début la transportait dans un état indescriptible. Elle qui avait souhaité l'aide de David, elle pourrait peut-être maintenant s'inspirer de ses écrits.

Elle leva les yeux vers Daniel, qui l'observait en souriant, devinant ce que Fannie se préparait à lui demander.

« Me permettez-vous de le lire, Daniel ? Je sens que ce cahier de notes peut transformer ma vie.

– Et il le fera, croyez-moi. J'accepte avec plaisir de vous le confier pour que vous puissiez le lire. »

Les yeux de Fannie s'emplirent d'eau. La gratitude se lisait dans son regard.

« Mais il y a une condition, ajouta Daniel.

– Laquelle ? demanda Fannie, surprise, mais prête à tout pour lire le carnet de David.

– Ce cahier ne doit pas quitter le domaine de l'académie. Marcel Miller et moi en avions convenu ainsi. Vous comprenez, ce cahier est trop important et trop unique pour qu'on coure le risque qu'il soit perdu ou même dérobé. Ne le voyez pas comme un manque de confiance envers vous, Fannie. C'est une règle que je tiens à respecter.

– Je comprends, Daniel. Et je vous approuve. Mais il est tard et je ne voudrais pas vous importuner plus longtemps… », dit Fannie, impatiente de lire le cahier de David.

Daniel se cala dans son fauteuil en réfléchissant. Cette attitude n'était pas sans rappeler son père, remarqua Fannie.

Rapidement, Daniel proposa une solution à Fannie.

« Écoutez, voilà ce que je vous propose. Je sais à quel point mon père vous estimait, et je connais votre situation éprouvante actuellement. Pourquoi ne passeriez-vous pas quelques jours ici, à l'académie… ou mieux encore, pourquoi ne pas vous installer dans la maison de mon père, dans le boisé derrière… »

Fannie était emballée par la suggestion, mais du coup mal à l'aise d'une telle permission.

« Êtes-vous sûr que ce soit possible ? demanda-t-elle pour se rassurer. Je ne voudrais pas m'imposer… »

Daniel clarifia l'hésitation de Fannie. « Je crois même que c'est une excellente idée. Vous êtes dans la tourmente. Ce retrait de l'agitation causée par les derniers événements vous soustraira du harcèlement des journalistes et vous donnera un répit pour lire le cahier de mon père et faire le point sur votre vie. »

Le visage de Fannie s'illumina pour la première fois depuis très longtemps.

« Je ne sais pas comment vous remercier, Daniel, dit-elle, les larmes aux yeux. Je suis partie de chez moi avec l'idée d'en finir avec la vie, mais grâce à vous, je retrouve le courage de poursuivre.

— Mon père avait l'habitude de dire que nous étions des instruments de la vie les uns pour les autres. »

Fannie reconnaissait en Daniel la grande humilité propre à son père, David Marteens, et par laquelle il se démarquait.

« Question pratique, vous aurez besoin de vos effets personnels… », réfléchit Daniel à voix haute.

Fannie lui sourit timidement. « Il y a quelques années, j'ai développé l'habitude de toujours laisser, dans mon auto, une mallette dans laquelle se trouvent quelques vêtements de rechange et des produits de soins personnels. Cette habitude m'a très souvent évité de devoir rentrer chez moi tard dans la nuit. Avec toutes les apparitions publiques que je faisais un peu partout, je ne savais jamais à quelle heure les soirées se termineraient. Une nuit où j'ai dû rentrer chez moi après l'une de ces soirées, j'ai failli subir un grave accident de la route. Par la suite, j'ai acquis l'habitude d'avoir toujours avec moi une mallette contenant tout ce dont j'avais besoin pour deux ou trois jours loin de la maison, expliqua Fannie en bénissant intérieurement sa bonne habitude.

– Bien ! Et en ce qui concerne la nourriture, vous trouverez là-bas quelques victuailles, comme des conserves, mais aussi des aliments surgelés dans le congélateur de la pièce du fond. Je vous en prie, servez-vous.

– Cette maison est donc encore utilisée ? demanda Fannie.

– Par de très rares invités sélectionnés avec soin, précisa Daniel.

– Je me sens privilégiée, interrompit Fannie.

– … Sinon, je suis le seul à m'en servir régulièrement. Elle est mon lieu de refuge lorsque je ressens le besoin de m'isoler, de réfléchir ou de ressentir l'esprit de mon père », poursuivit Daniel.

Sur ces paroles, il se leva, signifiant poliment à Fannie qu'il était maintenant temps pour elle de partir.

Elle donna l'accolade à Daniel en le remerciant. Alors qu'elle sortait pour se diriger vers sa voiture afin d'y cueillir sa mallette, Daniel lui lança, en la saluant de la main : « Et merci encore pour mon stylo ! »

Elle lui sourit et le salua à son tour.

Après avoir récupéré sa mallette, Fannie se dirigea vers la maison de David, qu'elle avait visitée lors de l'une de ses rencontres avec le peintre.

Le cahier de notes de David sous le bras, elle se sentait de nouveau accompagnée par son vieil ami.

Chapitre 10

*F*annie avait cheminé dans la brunante jusqu'à la maison de David Marteens.

En entrant, elle alluma quelques lampes. Elle balaya du regard la salle à manger et la salle de séjour. Rien n'avait changé. Elle retrouvait les meubles, les tableaux, les objets précieux que David avait rapportés de ses voyages… Elle avait l'impression de revenir quinze ans en arrière. Elle pouvait presque imaginer que David Marteens sortirait de l'une des pièces du fond pour la saluer et l'inviter à s'asseoir à la table où elle avait jadis partagé un repas avec lui.

Fannie soupira. Tout lui parlait de David, mais tout lui rappelait également qu'il n'était plus là. L'absence est, au fond, une présence imaginaire. Et voilà ce qui est douloureux. Partout où l'on pose les yeux, la personne disparue semble présente, mais ne l'est pourtant pas.

Fannie choisit un fauteuil et se laissa choir. Fébrile à l'idée de lire les notes de David, elle s'installa à son aise et prit le carnet entre ses mains. À travers les mots du peintre, elle espérait trouver un réconfort, une inspiration…

Elle ouvrit le carnet presque religieusement. Elle relut la dédicace. Elle eut l'impression qu'elle avait été écrite pour elle. Elle se rendit à la page suivante et lut un premier texte.

> *La vie a ceci d'étrange. Elle fracasse sans retenue votre univers à grands coups d'événements dévastateurs. Puis, elle récupère les morceaux de votre vie éclatée et elle refait le casse-tête comme il devait être.*

Un texte bref, mais porteur d'une grande vérité. Il collait parfaitement à la situation de Fannie. Il décrivait en peu de mots le grand balayage que Daniel avait voulu lui faire comprendre par l'analogie du *bowling*. Mais surtout, il offrait une explication à un tel désastre. David avait observé qu'après avoir tout saccagé, la vie réorganisait l'existence selon un plan précis.

71

Pouvait-il en être vraiment ainsi? En lui faisant vivre tous ces événements dévastateurs, la vie cherchait-elle à replacer Fannie sur la bonne voie? Celle dont elle n'aurait pas dû dévier? La vie avait-elle vraiment un plan pour chacun de nous?

Fannie se souvenait que David lui avait souvent parlé de la raison d'être de chaque individu. Il croyait fermement que chaque personne était venue dans cette vie pour réaliser quelque chose de précis, une sorte de *mission*, même s'il se méfiait de ce mot à consonance héroïque. Pour lui, chaque raison d'être avait une grande valeur. Chacune participait à l'évolution, autant celle de la personne que celle de la société.

Par un seul texte, aussi bref fût-il, David Marteens avait décrit ce que Fannie vivait et en avait donné une explication. Mais surtout, il avait suscité l'espoir dans le cœur de Fannie. Il y avait donc un sens à toutes ses épreuves. Ce simple texte déposait déjà un baume sur son cœur meurtri.

Fannie sourit. Elle avait longtemps admiré le talent de peintre de David Marteens. Maintenant, elle découvrait son sens aigu de l'observation de la vie et son talent à le transmettre en mots.

Elle tourna la page, avide de lire un nouveau texte.

Un jour où je descendais une rivière en kayak, question d'admirer la nature et de prendre quelques photos, j'ai appris une grande leçon.

Sur des kilomètres, mon kayak glissa sur des eaux calmes et agréables, n'exigeant de moi que bien peu d'efforts pour maintenir le cap. Je pouvais admirer les paysages à ma guise et prendre quelques clichés.

Mais à un tournant de la rivière, de puissants courants inattendus me propulsèrent au milieu de rapides difficiles à négocier et particulièrement dangereux. Me souciant peu du parcours changeant de la rivière, j'avais été surpris par ces rapides. J'ai dû déployer des efforts titanesques pour les traverser et m'en sortir. J'ai même cru un instant que j'y laisserais ma peau.

Puis, à peine un kilomètre plus loin, les rapides s'estompèrent, le courant s'apaisa. Les écueils étaient finalement derrière moi. Des eaux tranquilles accueillirent de nouveau mon kayak. Je n'avais plus à me battre pour rester en vie, mais je demeurais vigilant, sachant dorénavant que la rivière pouvait réserver des surprises.

La vie est semblable à une rivière. Il y a de longues périodes tranquilles et calmes durant lesquelles tout semble facile. Puis, au détour d'un événement − ou de plusieurs parfois −, la vie s'agite, des écueils nous font presque chavirer.

Nous sommes secoués et il nous faut pagayer ferme pour nous maintenir à flot. Mais cela aussi passera, comme toute autre chose, et la vie redeviendra calme.

Lorsque tout va bien dans ta vie et que tout semble facile, savoure ces instants, apprécie-les, mais garde en tête qu'il n'en sera pas toujours ainsi. Accepte le fait que la vie apporte à chacun son lot d'épreuves. Sois heureux, mais prêt à affronter les obstacles. Ne t'en inquiète pas avant qu'ils surviennent, mais sache qu'ils sont possibles. Lorsqu'ils surviendront, affronte-les, traverse-les en faisant de ton mieux et rassure ton cœur, car ils cesseront un jour. Sois courageux et nourris l'espoir de jours meilleurs.

Ainsi, tu prendras la pleine mesure de chaque segment de ta vie.

David avait le don indéniable d'écrire des textes courts mais percutants. Chacun semblait contenir de profondes vérités.

De nouveau, Fannie plongea dans ses réflexions. De toute évidence, elle n'avait pas vu venir les écueils dans sa vie. Elle avait été insouciante, sans méfiance. Lorsque le succès frappa à sa porte, avait-elle cru que tout serait dorénavant facile ? Peut-être que oui. Et les épreuves n'en étaient que plus difficiles.

En fin observateur de la vie qu'il était, David Marteens notait aussi bien les aspects négatifs que positifs. Une fois de plus, ses mots insufflaient de l'espoir. S'il mettait en garde le lecteur imaginaire de son carnet contre les inévitables épreuves de la vie, il le rassurait également en lui rappelant que tout passe dans la vie. Aucun nuage n'est stationnaire, ni dans le ciel ni dans notre vie.

Fannie décida de s'accrocher à la vie et de lui faire confiance. Plus question de mourir. Elle se nourrissait dorénavant de l'espoir de jours meilleurs. Elle sentait que ces jours arriveraient forcément, qu'ils s'installeraient dans sa vie puis la quitteraient momentanément pour revenir de nouveau plus tard.

Elle tourna une nouvelle page du carnet et y lut un texte qui complétait le précédent.

Mon grand-père était un homme simple et plein de bon sens. Fermier, il cultivait sa terre et vivait en symbiose avec la nature. Oh, ce n'est sans doute pas le terme qu'il aurait utilisé pour décrire sa relation avec la nature. Sa vie était rythmée par les saisons et cela allait de soi pour lui.

Sans se poser de questions, il savait qu'il devait labourer et ensemencer sa terre aux premiers jours du printemps. Il profitait donc de cette saison prometteuse pour semer ses graines et réparer les dégâts que l'hiver avait causés aux bâtiments, aux clôtures ou aux arbres. L'été, il admirait ses champs où poussaient en abondance les fruits, les légumes et les céréales. Il veillait sur ses récoltes et profitait des beaux jours.

Les premiers signes de l'automne l'avertissaient de se préparer à affronter un autre hiver. Il engrangeait ses récoltes, préparait le bois et veillait à protéger tout ce qu'il jugeait nécessaire. Il passait l'hiver à l'abri, dans sa maison, rêvant au prochain printemps.

Notre vie est aussi rythmée par des saisons. Lorsque tout va bien, c'est l'été dans notre vie. Le soleil est chaud, les vacances sont appréciées, la vie est douce et agréable. Savoure ces jours. Puis, des signes avant-coureurs annoncent des jours plus difficiles. C'est l'automne. La nature se dégarnit, le vent se refroidit. Tout devient moins facile dans notre vie. Revêts alors le manteau chaud de la confiance et prépare-toi aux bourrasques qui viennent. Engrange ta récolte de moments heureux ; ils te nourriront durant l'hiver. Et cet hiver arrive, inévitablement. La froideur des épreuves te mord le cœur. Tu ne peux rien faire d'autre que te réfugier dans ton intérieur et laisser souffler les tempêtes à l'extérieur. Réchauffe alors ton espoir et rêve de jours meilleurs.

Un jour ou l'autre, le soleil revient et fait fondre la neige de tes ennuis. Alors, remue-toi. Il est temps de semer les jours meilleurs qui feront ton bonheur avant longtemps.

Et rassure-toi. Contrairement aux hivers de la nature, ceux de la vie ne durent que peu de temps, tandis que l'été des jours heureux s'étire et prend tout son temps lorsqu'il fait partie de ton existence.

Si tu comprends les cycles incontournables de la vie, si tu les acceptes, tu seras alors serein dans toutes les phases de ton existence. Et tu apprendras que le bonheur, malgré les apparences, se trouve dans chacune des saisons.

Si le texte avait plu à Fannie et l'avait aidée à comprendre encore plus l'idée que la vie est une succession de segments parfois légers et parfois lourds, la dernière phrase la heurta.

Comment David pouvait-il trouver le bonheur dans les hivers de nos épreuves ? Elle saisissait difficilement ce qu'il voulait dire.

Elle tourna la page dans l'espoir qu'un autre texte lui en donnerait l'explication. Elle y trouva une courte pensée :

> *Le malheur est un bonheur qui souffre. Il a besoin de soins, et nous seuls pouvons lui en prodiguer.*

Cette pensée eut une portée considérable sur la réflexion de Fannie. Elle la médita longuement, la retourna dans sa tête plusieurs fois. Elle la jugea si importante qu'elle se promit de la méditer plus tard.

Pour l'instant, elle sentait le sommeil la gagner. La journée avait été riche en émotions, en découvertes et en réflexions. Elle avait peut-être vécu la journée charnière de sa vie. Elle en était à la fois épuisée et abasourdie. Elle se dit que le mieux serait de dormir.

La nuit avait déjà commencé à apaiser la nature. Fannie s'y glissa en souhaitant qu'elle apaise aussi son âme et son cœur.

Chapitre 11

*É*puisée par les événements des derniers jours, Fannie dormit profondément jusqu'à tard dans l'avant-midi. Elle aurait sans doute dormi plus longtemps, n'eût été qu'on venait de frapper à la porte.

En ouvrant, Fannie ne fut pas surprise de voir Daniel Marteens.

« Bonjour, Daniel, dit-elle encore endormie.

– Bonjour, Fannie. Je vous ai réveillée, je crois. J'en suis désolé, s'excusa Daniel.

– Ça va, ne soyez pas désolé. Il était temps que je me lève. Au fait, quelle heure est-il ?

– Dix heures trente.

– Déjà ? s'étonna Fannie. Je me suis couchée tard hier soir.

– Vous avez commencé la lecture du carnet de mon père ?

– Je n'ai pu m'en empêcher. Je crois que j'ai fait autant de lecture que de réflexion, dit-elle en souriant.

– Je sais, confirma Daniel. Le carnet me fait aussi cet effet chaque fois que je le lis. »

Ils échangèrent un regard complice, puis Daniel reprit. « Je suis venu m'assurer que vous ne manquiez de rien…

– J'ai tout ce qu'il me faut, merci, c'est gentil de vous en préoccuper, interrompit Fannie.

– … Bien… et je me suis dit également que ce serait agréable de dîner ensemble ce soir… Si ça vous convient, bien sûr. Nous pourrions discuter du carnet de mon père… »

Fannie sourit devant l'embarras de Daniel à lui faire son invitation.

« Excellente idée ! J'accepte avec plaisir », dit-elle.

Daniel parut à la fois étonné et heureux. « Vous acceptez ?… Bien… très bien… J'ai pensé que nous pourrions dîner ici, à la maison de mon père.

– D'accord, accepta Fannie en souriant.

– Bien… alors, j'apporterai tout ce qu'il faut… Ne vous inquiétez de rien… Je serai ici vers dix-huit heures ce soir.

– Merci, Daniel. C'est gentil. J'apprécie ce que vous faites pour moi.

– Oh, y a pas de quoi, vraiment. À ce soir.

– À ce soir, Daniel, confirma-t-elle tandis qu'il s'en retournait. Oh, Daniel? reprit Fannie.

– Oui?

– Avez-vous lu les journaux de ce matin? J'aurais voulu savoir ce qui se dit sur moi.

– Je ne suis pas sûr que ce soit une bonne idée. Vous êtes ici pour vous retirer de tout ce tourbillon, non? Et puis, vous ne pouvez rien contre ce que les gens colportent. Ici, aucun arbre ni aucun oiseau ne vous jugera. »

Fannie approuva d'un signe de tête. « Vous avez raison. »

Elle regarda Daniel s'éloigner puis elle avança sur la véranda. Le soleil était déjà haut dans le ciel. La journée allait être magnifique. Elle eut l'idée de se rendre à l'endroit où elle avait rencontré David Marteens pour la première fois. Elle se souvenait que c'était l'un des endroits préférés de David. Elle pourrait y passer l'après-midi et y poursuivre la lecture du carnet de David.

Elle se doucha et prit rapidement un petit-déjeuner. Une demi-heure plus tard, elle était en route vers le site préféré du peintre, qu'elle trouva sans peine après une vingtaine de minutes de marche.

Le site était resté le même, si ce n'est que les arbres avaient passablement poussé. Fannie observa le lac devant elle. Elle pouvait presque sentir David venir vers elle comme la première fois.

Elle s'assit sur l'imposante pierre sur laquelle le peintre avait l'habitude de s'asseoir. Elle ouvrit le carnet à la page où elle avait cessé sa lecture la veille.

Deux pensées, brèves, mais intrigantes, étaient écrites. Elle lut la première.

> *Le temps passe vite.*
> *Apprendre à le vivre lentement est un art.*

Fannie ne put s'empêcher de penser à quel point elle avait vécu sa vie en constante accélération depuis quelques années. Les voyages, les apparitions publiques, les entrevues... tout avait défilé à un rythme effréné. Que lui restait-il de cette course? Des ruines, à peine quelques souvenirs de rares moments agréables et un douloureux sentiment d'avoir perdu des années de vie.

Là, au milieu de la nature, elle ne ressentait aucune urgence, aucune course, aucune pression. Quand, la dernière fois, avait-elle pris le temps de contempler la nature? De peindre? De partager un moment de tendresse avec Hugo?

Le regard perdu au loin, Fannie réfléchissait aux dernières années. Elle constatait, avec regret, que l'une de ses erreurs avait été d'accepter qu'un tourbillon l'emporte. Elle en voulait à Steven de l'avoir poussée dans ce tourbillon.

Elle jeta un coup d'œil à l'autre pensée sur la page.

> *Qu'est-ce que la vie si elle est vécue sans que l'on*
> *prenne le temps de savourer ce qu'elle a de meilleur*
> *à offrir?*

Bon sang! Que David avait raison! Les dernières années de vie de Fannie confirmaient l'observation du peintre. Elles avaient laissé à Fannie un goût amer et un sentiment de vide. Qu'avait été sa vie, sinon une folle course inutile?

Fannie prit une profonde respiration. Elle se promit que plus jamais elle ne se laisserait emporter par un tel tourbillon, que plus jamais elle ne vivrait à une telle vitesse sans prendre le temps de profiter de ce que la vie a de meilleur à offrir : nourrir la passion, vivre et partager l'amour, cultiver l'amitié, observer la nature, goûter le calme…

Elle demeura de longues minutes absorbée dans ses réflexions. Les écrits de David Marteens trouvaient écho en elle. Ils cheminaient à travers ses souffrances intérieures et favorisaient des prises de conscience chez elle.

Sans voir le temps passer, Fannie alterna ainsi, durant tout l'après-midi, entre la lecture du carnet de David Marteens et les réflexions qu'il suscitait. Elle dévora une bonne partie du carnet, se délectant parfois de courtes pensées profondément sages et, d'autres fois, de textes plus longs. David Marteens y allait d'analogies inspirées à de simples observations judicieusement rapportées. Les notes de David faisaient rire ou sourire, pleurer ou regretter, mais elles forçaient constamment la réflexion.

As-tu déjà remarqué que tout dans la nature tend vers la lumière ? De l'arbre le plus majestueux à la plus fragile des fleurs, chaque élément s'oriente vers le soleil, vers la lumière, pour survivre et croître. Tu es, toi aussi, un élément de la nature. Tu as besoin de la lumière, tant celle extérieure que celle intérieure. Tend vers la lumière. Oriente ta vie vers elle. Non seulement ton chemin en sera éclairé, mais ton épanouissement en sera assuré.

Au fil des pages, Fannie découvrait toute la sagesse de son vieil ami. Sa grandeur d'âme se devinait facilement à la lecture de ses textes. Fannie se sentait privilégiée et choyée d'avoir connu David Marteens et de pouvoir lire ses écrits.

Un texte l'avait particulièrement intéressée.

Il y a longtemps, un matin où je me promenais dans les bois comme j'ai toujours aimé le faire, j'ai assisté à un spectacle étonnant et riche d'enseignements.

À une branche, j'ai remarqué deux cocons suspendus depuis un certain temps sans doute. Au même instant, l'un des cocons se mit à gigoter. Je compris rapidement que le papillon à l'intérieur avait terminé sa transformation et qu'il cherchait à sortir.

Durant de très longues minutes, je restai là à observer les valeureux efforts du papillon pour s'extirper du cocon. Il s'agitait et se remuait sans relâche. Je crus un moment qu'il n'y arriverait pas. Et j'étais touché par la souffrance qu'il donnait l'impression de vivre. J'ai assisté à son long combat au terme duquel, contre toute attente, le papillon s'extirpa du cocon par une brèche qu'il avait réussi à faire.

Sans doute épuisé, le papillon s'immobilisa sur la branche. Il agitait vigoureusement ses ailes colorées. De toute évidence, elles étaient fortes et bien articulées. D'ailleurs, le papillon s'envola gracieusement entre les arbres.

Ravi du dénouement, je remarquai que le second cocon s'était mis à s'agiter à son tour. Le papillon à l'intérieur cherchait lui aussi à sortir pour s'élancer vers la liberté que ses ailes lui procureraient. Constatant à nouveau le dur combat que menait le papillon, je voulus l'aider. À l'aide de mon couteau de poche, je découpai délicatement une brèche dans le cocon. Rapidement, le papillon glissa à travers la brèche, à ma grande joie. Je venais sans doute d'éviter à ce pauvre insecte un épuisant combat pour s'extirper du cocon. Mais ma joie fut de courte durée. À peine sorti du cocon, le papillon voulut déployer ses ailes qui semblaient faibles et molles. Le papillon tomba au sol. Étonné, je le ramassai minutieusement et je le déposai sur la branche à laquelle il s'agrippa, non sans vaciller constamment. Je remarquai qu'il essayait de battre des ailes, mais ces dernières manquaient visiblement de vigueur. Elles ne pouvaient pas lui permettre de s'envoler. J'abandonnai le papillon sur la branche en espérant qu'il parvienne à s'élancer dans le vide à un moment ou à un autre.

En rentrant chez moi, j'ai cherché à comprendre pourquoi les ailes du second papillon n'étaient pas aussi vigoureuses que celles du premier. Était-ce une anomalie naturelle ? Mes recherches m'apprirent, à ma grande stupéfaction, que les efforts pénibles que déploie le papillon pour briser le cocon servent entre autres à renforcer ses ailes afin qu'il puisse s'envoler rapidement et éviter les prédateurs. Sans ces efforts et ce dur labeur, les ailes du papillon seraient trop faibles pour lui donner la chance de s'envoler.

En voulant aider le papillon, je lui avais enlevé toute chance de s'envoler et de survivre. Malgré mon désir de l'aider et toute ma bonne volonté, je lui avais considérablement nui. J'en étais désolé.

Pendant plusieurs jours, j'ai médité sur cette histoire. J'en ai tiré plusieurs leçons.

Entre autres, j'ai compris l'importance du cocon pour la transformation du papillon. Il y entre en tant que chenille rampante, mais il en sort en tant qu'insecte coloré, libre et virevoltant dans la brise. Lorsque nous traversons une période de notre vie particulièrement trouble, lorsque nous avons l'impression de ramper tant les problèmes nous assaillent, il faut nous retirer *de la tourmente, de l'agitation. Il faut entrer dans un cocon. Ce cocon peut être notre foyer, un endroit retiré, la nature, notre monde intérieur ou même notre passion. Mais il faut pouvoir nous accorder des heures de retrait et nous retrouver dans un aspect sécurisant de notre vie. C'est à l'abri des regards et de l'agitation que s'opèrent la guérison et la transformation, tout comme la chenille se transforme en papillon dans le cocon.*

J'ai aussi appris qu'à l'image du papillon qui se débat pour sortir de son cocon, les épreuves que l'on vit servent à nous renforcer. Les souffrances ne sont jamais vaines. Elles forgent en nous les ailes de l'espoir et de la force intérieure.

Mais la plus grande leçon, celle qui allait me permettre d'approfondir les thèmes de la culpabilité et de la responsabilité, fut celle reliée à mon geste pour déchirer le cocon à la place du papillon. En agissant ainsi, j'ai causé sa perte. Pourtant, mon intention était honnête : je ne voulais que l'aider et lui éviter de pénibles souffrances. Jamais je n'ai cru un seul instant que je pouvais lui nuire. Alors, étais-je coupable ?

Une salutaire réflexion s'ensuivit. En jumelant mon expérience à celles observées chez d'autres personnes, j'en suis venu à la conclusion que les êtres humains sont foncièrement bons, mais ignorants, insouciants ou blessés déjà eux-mêmes. Voilà ce qui nous fait commettre des erreurs et des gaffes. Je crois fermement que personne ne fait souffrir quelqu'un d'autre par plaisir. Nos propres blessures, nos insouciances ou nos troubles intérieurs nous conduisent à des faux pas, à des erreurs qui souvent font souffrir d'autres personnes. Et nous faisons tous des faux pas. C'est ainsi que se développent nos ailes.

Ce texte toucha profondément Fannie. Ses errances et faux pas des dernières années avaient fait souffrir plusieurs personnes. Mais jamais elle ne l'avait voulu ainsi. Si elle avait pu revenir en arrière, elle aurait fait les choses différemment. Mais personne ne pouvait remonter le temps. Les mots de David l'apaisaient, certes, mais ne soulageaient pas sa culpabilité.

Puis, un texte l'avait laissée songeuse.

> *Les blessures chez les gens sont semblables à des trous dans la vie. Et puisque la vie, comme la nature, a horreur du vide, applique-toi à combler les trous dans ta propre vie et efforce-toi de combler ceux dans la vie des autres si tu t'en crois responsable.*

Mais comment s'y prend-on ? Comment faire ? David n'avait pas fourni d'autres explications à ce sujet.

Par contre, d'autres textes s'avéraient moins vagues, comme celui sur le « centre ».

> *Les tornades sont des phénomènes très intéressants. Elles entraînent des vents terrifiants en tourbillonnant sur elles-mêmes. Mais au centre, tout est calme. On appelle ce centre l'« œil des tornades ». Les vents tournent en tourbillon autour de ce centre, et même s'ils augmentent d'intensité, jamais ils ne troublent l'œil de la tornade.*

> *Il en va ainsi de la vie des gens. Il y a en chacun de nous un centre, un axe central autour duquel s'orchestre notre existence. Ce centre est en lien direct avec notre raison d'être. Il renferme notre destinée, notre mission de vie, nos valeurs essentielles, notre passion. Il est intemporel. Il est la demeure de la partie la plus élevée en nous, au-delà même de l'âme. Ce centre renferme les balises d'une vie heureuse et réussie.*

Éloigne-toi de ton centre et tu subiras une suite d'événements qui créeront le chaos sur ta route.

Demeures-y et tu seras porté par les ailes de la chance et tu connaîtras la sérénité de te savoir sur ta voie.

Ce centre est propre à chacun; il diffère pour chacun. Mais, toujours, il est intimement lié à l'essence même de la personne.

Le meilleur conseil que je puisse te donner est de découvrir ton propre centre et d'en faire la pierre d'assise de toute ton existence. C'est par ton centre que tu pourras gérer le succès avant qu'il ne te brise; c'est par ton centre que tu pourras rester concentré sur ta voie et éviter l'éparpillement inutile de tes énergies; c'est par ton centre que tu pourras sainement cultiver tes amours et tes amitiés sans te perdre ou te renier toi-même.

Je te le dis, toi qui me lis, ton centre est en vérité ta nature profonde, ton essence intemporelle, un fragment de Dieu qui t'habite. Honore-le! Respecte-le! Suis-le! Il est ta force et ton but.

Fannie avait relu plusieurs fois ce dernier texte. Nul doute qu'elle s'était éloignée de son propre centre. Le concept demeurait toutefois un peu flou pour elle. Elle devrait réfléchir sur la nature de son centre et rebâtir sa vie à partir de cet axe central, comme le décrivait David.

Elle lut d'autres textes:

Sois humble dans tes victoires.
Sois noble dans tes défaites.
Sois heureux du succès de l'autre.
Sois compatissant de ses échecs.

Lorsque tu es au sommet, ne sois pas arrogant ni condescendant envers ceux qui te suivent. Et lorsque tu es déchu – car tout étant cyclique, tu céderas le sommet à un autre tôt ou tard – ne sois pas amer ni honteux. Rappelle-toi les saisons. Elles vont et viennent, et chacune a son utilité.

Ou celui-ci :

N'exige pas la perfection. Ni de toi, ni des autres. De toute façon, chercher à être parfait te rendra imparfait. Mais fais de ton mieux en tout temps. Et inspire les autres à donner le meilleur d'eux-mêmes.

Et cet autre qui la fit sourire et qui la rassura devant l'opinion publique et la presse qui devaient sans doute actuellement la calomnier :

Un matin d'été, lors de ma promenade quotidienne dans les bois, je remarquai une toute petite mésange. Elle, discrète et peu bruyante ; moi, silencieux et immobile. Elle s'approcha prudemment et, au bout d'un moment, elle se déposa dans ma main et y cassa quelques graines.

Plus loin, une pie, jacasseuse, tapageuse et agitée, tournoyait. Contrairement à la mésange avec laquelle j'avais pu avoir un contact, la pie m'a dérangé et agacé par ses cris et son mouvement incessant.

Il en va dans la vie comme dans les bois. Tu y trouveras des mésanges et des pies. Apprécie les premières, fuis les secondes.

Il y aura des gens pour raconter des histoires à ton sujet, d'autres pour les écouter ; des gens qui ébruiteront tes confidences à tous vents, d'autres qui donneront en pâture à l'indiscrétion tes moments heureux ou de tes déboires.

Ne leur en tiens pas rigueur. Laisse dire. N'entre pas dans cette danse chaotique et dévastatrice. Ni toi ni l'autre n'y gagneront. Ce sont des guerres stériles qui s'alimentent de la controverse. Retire-toi, tout simplement. Bénis autant les mésanges que les pies. Toutes deux te permettent de grandir.

À ton tour, cultive les qualités de la mésange. Ne t'inscris pas dans les rangs des pies. Au fil du temps, tu y perdrais des amitiés sincères. Rappelle-toi que celui qui sème le vent récolte la tempête.

Ce matin-là, la mésange est revenue à plusieurs reprises manger dans ma main. Le lien de confiance était créé. La pie, quant à elle, a poursuivi son chemin. Et c'était bien ainsi.

Fannie leva les yeux et s'aperçut que le soleil commençait à décliner derrière la cime des arbres. Elle estima qu'il devait être autour de dix-sept heures, peut-être plus. Elle n'avait pas vu le temps filer tant elle était absorbée par les textes de David et les réflexions qu'ils faisaient naître en elle. Daniel devait la rejoindre vers dix-huit heures. Elle devait se hâter.

Elle referma le carnet et se leva. Intérieurement, elle salua le lac… et David avec qui elle avait eu l'impression de passer l'après-midi. D'un pas alerte, elle entreprit le retour vers la maison de David.

Assurément, quelque chose en Fannie s'était transformé. La chenille était entrée dans son cocon, un papillon allait naître.

Chapitre 12

aniel avait pensé à tout : les aliments, le vin, les fromages… Il avait, de plus, veillé lui-même à la préparation du repas, permettant à Fannie de se doucher durant ce temps.

Lorsque Fannie retrouva Daniel à la salle à manger, ce dernier avait déjà dressé la table et versé une coupe de vin à Fannie. Sans dire un mot, elle s'étonna que Daniel ait placé deux chandelles au milieu de la table. Ce dernier s'aperçut de la réaction de Fannie et s'empressa de s'expliquer.

« Les chandelles, c'est pour l'ambiance… Vous savez, le plafonnier dégage un éclairage plutôt intense. Mon père utilisait cette table pour faire ses croquis, alors il avait besoin d'un bon éclairage… »

Fannie sourit en signifiant son accord d'un signe de tête. Au fond, elle n'ignorait pas que Daniel lui portait une attention particulière. Ses délicatesses envers elle, son empressement à l'aider, ses moments d'embarras aussi, tout cela avait amené Fannie à penser que Daniel ressentait quelque chose pour elle. Mais elle avait le cœur en miettes. Certes, Daniel était bel homme, séduisant et attentionné. Intéressant aussi, mais elle pleurait encore son Hugo.

Fannie et Daniel entamèrent le repas et, du coup, la conversation.

« Et puis, où en êtes-vous dans la lecture du carnet de mon père ? demanda Daniel.

– J'ai presque terminé.

– Qu'en pensez-vous ?

– Ce que j'en pense ? Ce carnet est tout simplement merveilleux. Les observations de David sont si justes et si sages. Il avait un talent pour écrire…

– C'est vrai. Je crois qu'il aurait pu aussi bien être écrivain que peintre.

– Vous n'avez jamais pensé à le faire publier ?

– Publier ? s'étonna Daniel. Vous croyez ?

– Absolument. Ce carnet est en train de me faire renaître. Il m'a littéralement sauvé la vie. Il m'apprend à vivre. Il aurait sans doute le même effet sur d'autres lecteurs. Ce carnet est un bijou, vraiment. »

Daniel prit une gorgée de vin, comme pour se donner le temps de réfléchir.

« Peut-être… je ne sais pas, en fait. Ne croyez-vous pas que si mon père avait voulu le publier, il l'aurait proposé à un éditeur avant de mourir ? »

À son tour, Fannie porta sa coupe à ses lèvres.

« Je crois, reprit-elle, qu'aussi longtemps qu'il aurait vécu, David aurait rédigé ce carnet. Lorsque je l'ai rencontré, il était déjà très âgé, mais il continuait à observer la vie et à philosopher. Seule la mort pouvait mettre un terme à son carnet. Il ne l'aurait sans doute jamais terminé autrement. L'idée de le publier ne lui est peut-être jamais venue à l'esprit.

– Je prends note de votre observation, Fannie. Je vais réfléchir sérieusement à cette idée de publication.

– Si vous décidez d'aller de l'avant, faites-moi signe. Je pourrais vous aider. Et je veux être la première à acheter un exemplaire, conclut-elle en riant.

– Ce sera quelque peu compliqué de le faire dédicacer », ajouta Daniel en riant à son tour.

Ils restèrent silencieux quelques minutes, savourant le repas qu'ils partageaient. Puis, Fannie reprit la parole.

« Il y a un passage qui m'a laissée, disons, perplexe.

– Un seul ? » s'amusa Daniel.

La remarque fit aussi sourire Fannie.

« Lequel ? demanda Daniel, plus sérieusement.

– Vous savez, celui où David dit que le malheur est un bonheur qui souffre. J'ai beau le tourner dans ma tête, il demeure flou.

– Je vois de quel passage vous parlez, enchaîna Daniel, qui connaissait par cœur le carnet. Je me suis longtemps buté à essayer d'en saisir le sens moi aussi.

– Et qu'en avez-vous compris? »

Daniel sirota une gorgée de vin, le temps de rassembler ses idées. Il attaqua rapidement son explication.

« Mon père considérait toujours la dualité des choses. Par exemple, pour lui, l'amour et la haine étaient les deux pôles opposés d'un seul sentiment, d'une seule énergie. Selon cette vision, le malheur et le bonheur étaient également les deux pôles opposés d'un seul sentiment, d'un seul élément. Vous me suivez?

– Tout à fait, poursuivez, je vous en prie, confirma Fannie, à la fois intéressée et amusée en constatant à quel point Daniel lui rappelait David lorsqu'il expliquait les choses.

– Bon. Gardez en tête l'idée des deux pôles. Nommez-moi un aspect de la vie qui vous est cher, qui vous procure du bonheur.

– Peindre, répliqua sans hésiter Fannie.

– Excellent! Maintenant, tracez dans votre tête une ligne imaginaire à l'horizontale. Vous y êtes?

– Hum, hum, confirma Fannie.

– Nommons cette ligne *peindre*. Elle représente une activité que vous affectionnez. À une extrémité de la ligne, inscrivons le mot *bonheur*, et à l'autre, le mot *malheur*. Vous avez ainsi les deux pôles de l'activité *peindre*. Vous me suivez toujours?

– Je vous suis, assura Fannie, qui commençait à saisir le concept.

– Maintenant, imaginez qu'il y a un curseur sur la ligne. Déplacez le curseur jusqu'au pôle *bonheur*. Qu'est-ce que signifie pour vous le bonheur de peindre?

– Peindre chaque jour, à l'heure qui me plaît ; explorer des jeux de couleur ; travailler des croquis ; exploiter mon talent…

– Parfait ! Voilà ce que représente le bonheur pour vous en rapport avec l'aspect *peindre* de votre vie. Maintenant, aujourd'hui, où situeriez-vous le curseur sur la ligne ? »

Fannie réfléchit quelques instants. Elle souffrait de ne pas pouvoir s'adonner à son activité préférée.

« Je dirais qu'il est à l'autre extrémité, vers le malheur, avoua-t-elle.

– Pourquoi ? insista Daniel.

– Parce que je n'ai plus le temps de peindre et d'approfondir mon art…

– Voilà ! Tout ce qui représentait pour vous le bonheur de l'activité *peindre* est déficient. C'est devenu en quelque sorte votre *malheur* de peindre. Votre bonheur de peindre est souffrant et s'est transformé en malheur. Vous vous retrouvez à l'opposé du bonheur de peindre, mais on parle toujours du même intérêt dans votre vie. Vous saisissez ?

– Je crois que oui. Ce qui crée mon malheur est en fait la même chose que ce qui crée mon bonheur, mais à une vibration inverse.

– Le malheur est un bonheur qui souffre », ajouta Daniel en reprenant la phrase de son père.

Il versa de nouveau du vin dans la coupe de Fannie puis dans la sienne, et il reprit : « Vous êtes la seule personne à pouvoir soigner votre bonheur malade, car vous seule pouvez apporter les correctifs dans votre vie afin que le curseur remonte la ligne jusqu'au pôle du bonheur. »

Fannie dodelina de la tête, pensive. Daniel avait raison – et David, du coup, parce que Daniel ne reprenait au fond que la pensée de son père. Elle seule pouvait changer sa vie. Il lui faudrait donner un « sapré » coup de barre, mais il était possible de replacer sur les rails son bonheur de peindre. Il n'en tenait qu'à elle.

Daniel la sortit de ses réflexions. « Vous avez lu le passage où mon père parle de l'incendie de forêt? demanda-t-il en abordant un autre sujet.

— Oui, je me rappelle l'avoir lu.

— J'ai vécu cet épisode avec lui.

— Vraiment? s'étonna Fannie.

— Je n'étais encore qu'un gamin. Nous avions connu un début d'été très chaud et sec. La foudre avait déclenché un incendie dans la forêt, beaucoup plus au sud. Plusieurs acres de terre avaient été ravagées. Lorsque tout fut maîtrisé, j'ai demandé à mon père si nous pouvions nous y rendre pour constater les dégâts. En tant que gamin, j'étais curieux de voir de mes yeux à quoi ressemblait une forêt détruite par le feu. Mon père me répondit que ce n'était pas le moment d'y aller. Plusieurs fois, au cours de l'été, j'ai insisté auprès de lui pour qu'il m'emmène sur les lieux de l'incendie. Mais il refusait chaque fois, se contentant de dire que ce n'était pas encore le temps. Puis, l'hiver est arrivé et je n'ai plus pensé à l'incendie. Mais à la fin du printemps suivant, un matin, mon père me dit : "Viens, fiston, allons voir la forêt incendiée."

— Ça vous a surpris?

— Et comment! Pour être franc, j'avais abandonné l'idée de me rendre là-bas. Mais j'ai tout de même sauté sur l'occasion qu'il me proposait. Nous sommes partis, lui et moi. Nous avons longuement marché pour atteindre le site de l'incendie. Je n'étais pas préparé à la scène qui m'attendait. En atteignant la portion de la forêt ravagée par le feu, je fus envahi d'un immense chagrin et d'un profond sentiment de désolation. Le paysage était lugubre. Quelques troncs d'arbres encore debout, mais calcinés, des branches noircies au sol, une terre cendrée. Dans ma tête de gamin, c'était la représentation de la mort. La forêt était morte.

» Mon père s'avança en scrutant le sol attentivement. Soudain, il se pencha et déplaça la terre cendrée de ses mains, avec une précaution que je ne comprenais pas. Il m'appela vers lui : "Daniel, viens voir par ici, mon garçon." Je me suis approché. De petites brindilles vertes poussaient à travers les cendres et les débris. Il pointa du doigt une petite pousse toute fragile, mais bien vivante. Un arbre renaissait ! Mon père se redressa et mit son bras autour de mes épaules. "La vie, Daniel, la vie ! Cette terre sera encore plus riche qu'avant." Je lui ai alors demandé pourquoi nous n'étions pas venus avant sur ces lieux. "Tu n'aurais vu que la mort, que l'échec. Aujourd'hui, tu peux voir aussi la vie qui renaît. Tu vas repartir d'ici en sachant qu'une seconde chance est donnée à la forêt. La vie donne toujours une seconde chance, Daniel, ne l'oublie jamais. Tout peut toujours se reconstruire, malgré les dégâts."

– Quelle sagesse ! dit Fannie.

– Typique de mon père. Je suis convaincu qu'il mourait d'envie de se rendre, dès le lendemain, constater l'étendue des dégâts. Mais il voulait m'épargner une vision morbide. Il savait qu'au printemps, la vie renaîtrait de ses cendres. D'ailleurs, en revenant à la maison, il m'avait conseillé de faire la même chose dans ma vie…

– C'est-à-dire ? demanda Fannie.

– Il disait qu'après avoir subi un échec ou une épreuve difficile, il valait mieux très souvent laisser le temps passer, permettre à la poussière de retomber et attendre de voir ce qui ressortirait de positif de cette expérience. Et il avait raison. J'ai souvent constaté que des graines de possibles, de nouveauté, de compréhension, de force et d'expansion germaient à même le sol ravagé de nos revers ou de nos épreuves. La vie renaît toujours là même où elle a semblé mourir.

– Vous avez hérité de sa sagesse, dit Fannie, admirative.

– C'est gentil de votre part, Fannie, mais je ne le crois pas. Ce n'est pas un héritage. J'ai dû l'acquérir, croyez-moi. J'ai longtemps médité les écrits de mon père, essayé de comprendre sa façon de voir la vie, travaillé à développer un sens de l'observation similaire au sien et, surtout, j'ai appris à me retirer de l'agitation des sociétés modernes, comme lui. J'ai acquis la certitude que c'est essentiel à la fois pour rester en équilibre et pour conserver son bonheur.

– Vous avez raison, renchérit Fannie. Je ne l'ai pas fait, et ces dernières années, j'ai eu parfois l'impression de perdre la raison…

– Mon père disait souvent, mi-sérieux, mi-blagueur, que la folie était une carrière d'avenir dans nos sociétés malades. »

Fannie et Daniel éclatèrent de rire. « C'est bien dit, constata Fannie. J'ignorais que David était capable d'un tel humour.

– Et pourtant, il pouvait être très drôle, si vous saviez. Il pouvait, dans la même conversation, déballer de profondes vérités puis y aller d'une pointe d'humour désarmante.

– Son humour frôlait le cynisme, non ?

– Parfois, mais il savait aussi être drôle tout simplement, sans aucune tendance au cynisme. »

Daniel vida sa coupe et s'en versa une autre, remplissant du même coup celle de Fannie. « Tiens, laissez-moi vous donner un exemple. À l'école, nous devions remettre un travail sur un talent que possédait notre père. Il aurait été facile pour moi de parler du talent de peintre de mon père. Mais, avec le succès qu'il connaissait, je ne voulais pas paraître vantard. J'étais un gamin plutôt réservé. Alors, j'eus l'idée de parler de l'humour de mon père. Il avait d'ailleurs bien rigolé de mon choix. "Papa, lui avais-je dit, écris-moi un texte drôle que je pourrai lire devant la classe." Il m'avait regardé d'un œil moqueur et m'avait dit : "D'accord, fiston. Mais porte bien attention aux mots." Puis, il avait saisi le petit cahier de notes qu'il avait toujours sur lui et, en quelques minutes, il avait rédigé un bref texte qu'il me remit…

– Comme ça ? Sans y réfléchir plus longuement ? s'étonna Fannie.

– Tout à fait. Il y est allé d'un seul trait. Je me souviens encore du texte. Vous voulez que je vous le récite ?

– Je veux bien, accepta Fannie en rigolant.

– Mais attention, soyez prévenue, Fannie, ça n'a rien à voir avec le carnet que vous êtes en train de lire, avertit Daniel sur un ton faussement solennel, ajoutant à la légèreté du moment.

– Je suis prévenue, rigola encore davantage Fannie, incapable de faire semblant d'être sérieuse.

– Alors, voilà, ça va comme suit... *Dialogue d'escaliers...* »

Fannie éclata de rire. « Dialogue d'escaliers ? C'est n'importe quoi...

– Allons, allons, madame Létourneau, corrigea Daniel prenant un ton sérieux, mais camouflant à peine son fou rire. Vous êtes sur le point d'entendre l'humour de haute voltige de mon père.

– Je suis désolée, monsieur Marteens, je vous écoute, dit Fannie en jouant le jeu à son tour.

– Merci. Je reprends donc...

Dialogue d'escaliers...

– Alors, ça marche pour toi ?

– Ça dépend à quel palier ! Les affaires montent, les amours déboulent. Et toi ?

– Moi ? Ça rampe. J'essaie d'escalader les problèmes, mais c'est la descente, vraiment.

– Et la maison ?

– À peine si je rejoins les deux bouts. J'ai peur de me retrouver derrière les barreaux sous peu. Je me sens déjà en cage.

– Dis donc, t'es vraiment ciré !

– Avec l'âge, on perd de son lustre, tu sais.

– Bon, j'ai ma marche à faire dans le bois. On se revoit ?

– Sûr ! T'es toujours au même étage ?

— *Oui, je ne bouge pas. Bye !*

— *Bye.* »

Daniel avait récité d'un trait le texte de son père puis avait éclaté de rire comme s'il l'entendait pour la première fois, sans doute encouragé par les rires de Fannie à chacun des jeux de mots.

« Vous avez vraiment récité ce texte devant la classe ? demanda-t-elle toujours en riant.

— Ouais. Mon professeur avait bien rigolé, mais tous mes copains de classe étaient restés sans réaction. Aucun d'eux n'avait compris l'humour de mon père. Ils ont dû penser qu'il était cinglé. »

Daniel et Fannie rirent de bon cœur pendant plusieurs minutes.

« Je ne connaissais pas ce côté drôle de David, dit Fannie en reprenant son souffle et en s'essuyant les yeux du revers de la main.

— Il était comme ça, à la fois drôle et sage. Il pouvait vous faire rire à vous en tenir les côtes et l'instant d'après vous lancer dans une réflexion philosophique, conclut Daniel sur un ton nostalgique.

— Il vous manque ?

— Oh, bien sûr. Vous ne pouvez pas avoir vécu auprès d'un tel homme sans qu'il vous manque par la suite. »

Daniel termina sa coupe de vin, puis se lança de nouveau dans les confidences.

« Peu de temps après sa mort, j'étais désemparé et il me manquait terriblement. Un soir, où l'ennui était plus fort qu'à l'habitude, avant de m'endormir, j'ai pensé à lui. Je me suis endormi en me demandant ce qu'il pouvait bien faire dorénavant. Cette nuit-là, j'ai fait un rêve. J'ai rêvé que, même si j'étais adulte, mon père m'aidait à faire mes devoirs et mes leçons, exactement comme lorsque j'étais un gamin. Et il souriait. Et ça m'amusait aussi. Au matin, j'étais apaisé. Que ce soit vrai ou non, j'avais le sentiment qu'il était près de moi, qu'il m'aidait comme il le pouvait, à partir de l'autre dimension où il se trouvait. C'est fou, non ?

– Non, le rassura Fannie. J'ai moi aussi cette impression. Ma décision de me rendre sur sa tombe, l'éclaircie temporaire qui m'a fait trouver le stylo qui à son tour m'a conduite jusqu'ici où j'ai pu vous rencontrer et avoir le privilège de lire le carnet de David... Je crois qu'il y a une impulsion derrière cet enchaînement, une sorte de volonté à me procurer de l'aide. »

Ils se regardèrent dans les yeux avec tendresse. Ils partageaient bien des points en commun. Daniel avança la main et prit celle de Fannie. Elle lui sourit en serrant sa main.

« Daniel, je ne voudrais pas qu'il y ait de malentendu entre nous. Vous avez été si généreux et bon envers moi. Je vous en suis reconnaissante. J'étais morte intérieurement en venant ici, mais vous m'avez ramenée à la vie, vraiment. Et ce soir, tout fut parfait. J'ai adoré nos échanges et vos confidences. Et rire m'a fait un bien fou... »

Elle baissa les yeux un instant. Puis, elle fixa le regard de Daniel.

« ... mais je ne peux vous offrir autre chose que ma gratitude et mon amitié, Daniel. »

Daniel baissa les yeux quelques instants. « Je comprends, Fannie. Un feu de forêt a ravagé une partie de votre vie. Vaut mieux attendre de voir ce qui en repoussera éventuellement. »

Fannie lui sourit. « Merci, Daniel. Merci d'avoir été là pour moi.

– L'amitié et l'amour sont les deux ailes du même oiseau, dit sagement Daniel.

– C'est une jolie pensée. »

Les deux restèrent silencieux un moment. Puis, Daniel se leva et annonça son départ.

« Avec tout ça, le temps a filé. Je vais retourner à la maison, dit-il.

– À travers le bois, en pleine nuit ?

– Ne vous en faites pas. Je connais ces bois comme personne d'autre. Et puis, c'est la pleine lune, ce ne sera pas si sombre.

– Soyez prudent.

– Merci. Et vous, reposez-vous bien. »

Daniel et Fannie se firent la bise et se donnèrent une chaleureuse accolade.

Daniel partit. Fannie demeura seule et en réflexion. Au bout d'une heure, elle se coucha.

Cette nuit-là, elle fit un étrange rêve. Elle se débattait à l'intérieur d'une membrane translucide, comme celle d'un cocon. À l'extérieur, elle voyait le visage serein de David Marteens qui lui souriait.

Chapitre 13

*L*e chant plaintif d'un huard réveilla Fannie. Elle sortit de la maison et s'assit à la véranda pour admirer le paysage. Une légère brume, que le soleil dissiperait sous peu, recouvrait le lac. Tout autour, d'immenses arbres faisaient le guet telles des sentinelles… Des pins, des cèdres, des épinettes, mais aussi plusieurs feuillus… des bouleaux, des chênes, des trembles…

Bien installée dans une chaise Adirondack, les jambes repliées vers elle, Fannie se laissait imprégner du jour naissant. Le silence et le calme l'enveloppaient. Tout était propice à la réflexion, et Fannie s'y abandonna facilement.

Les pensées de David, sa philosophie, ses textes, tout se bousculait en elle. Elle avait le sentiment de connaître beaucoup mieux David Marteens. Elle avait l'étrange impression d'avoir créé une intimité avec David, ce qu'elle n'avait pas eu le temps de faire quinze ans auparavant. Mais cette fois-ci, avec le carnet et les confidences de Daniel, elle sentait une proximité avec le peintre. David disait que la vie donne toujours une deuxième chance… Peut-être avait-il raison… du moins, pour Fannie, la vie lui avait donné une deuxième chance de mieux connaître David Marteens et d'être guidée par lui.

Mais la vie pourrait-elle lui donner une seconde chance sur tous les plans? Fannie n'y croyait pas. Il était trop tard pour le jeune Gabriel, dont le suicide la hantait toujours, trop tard aussi pour l'enfant qu'elle n'avait jamais eu et qu'elle n'aurait jamais, maintenant qu'elle était dans la cinquantaine. Serait-il trop tard pour retrouver l'amour d'Hugo? Elle n'en savait rien, tout comme elle ignorait si elle allait pouvoir donner un second souffle à sa carrière.

Fannie poussa un long soupir. Elle se sentait mieux, plus forte peut-être, mais elle allait retrouver tous ses démons et tous ses problèmes dès qu'elle rentrerait chez elle. Elle ne pouvait tout de même pas rester cachée chez David Marteens. Elle devrait tôt ou tard affronter sa vie brisée.

Elle rentra et se fit couler un café, puis elle ramassa le carnet de David et retourna s'asseoir à la véranda. Elle but une gorgée de café puis ouvrit le carnet de notes.

> *Pardonne les erreurs, celles des autres tout comme les tiennes. Si la vie elle-même sait donner une deuxième chance, qui sommes-nous pour tenir rigueur à celui qui a erré ? Libère-le du poids douloureux de la culpabilité. Aie aussi la même grandeur d'âme envers toi-même. La mesure de ton propre pardon sera celle dont tu te serviras envers les autres.*

Fannie déposa un instant le carnet. Elle sirota une autre gorgée de café, pensive…

Intérieurement, elle en voulait à Steven de l'avoir entraînée dans un tourbillon destructif, à Hugo d'être parti sans plus de compréhension et d'appui, au jeune employé de Steven qui avait écrit des énormités en son nom sur son site…

Elle aurait pu poursuivre la liste des gens à qui elle en voulait, mais elle se ravisa. Au fond, c'est à elle-même qu'elle en voulait. Elle avait permis que toute cette dérive se produise. Elle portait le poids de la culpabilité sur elle : celui de son talent échangé contre la mondanité, celui de l'échec de sa vie amoureuse, celui de son avortement… celui… et celui…

Elle comprit qu'au fil des années, elle avait accumulé des couches et des couches de culpabilité sur ses épaules, autant pour des choses banales que pour des actes qu'elle jugeait graves.

Avant de pardonner aux autres, ne devait-elle pas d'abord se pardonner à elle-même ? Peut-être alors, comme l'écrivait David Marteens, pourrait-elle utiliser la même mesure de pardon pour libérer les autres à leur tour ?

Elle rouvrit le carnet.

Tout commence par soi, et tout finit par soi. Peu importe ce que les autres disent ou font, toi seul portes la responsabilité de tes réactions, de tes perceptions et de tes pensées. Toi seul peux faire la différence. Cesse de rejeter le blâme sur l'autre, cesse de penser que l'autre te blesse, car l'autre ne pourra jamais faire autre chose que ce que tu lui permets de faire, consciemment ou non. Souviens-toi : tu as la responsabilité de ta vie, rien de plus, rien de moins. Laisse aux autres la leur et occupe-toi à gérer ce qui t'appartient.

Les mots de David Marteens pénétraient Fannie par les immenses brèches causées par ses blessures. Car les épreuves ont ceci de bon : elles créent des ouvertures dans notre armure et permettent à la sagesse, à la conscience et à l'amour d'illuminer les repaires sombres de nos démons.

Fannie reconnaissait dorénavant tout le travail qu'elle devait faire sur elle-même. Elle devait cesser de jeter la faute sur l'autre et regarder au-delà des erreurs.

Elle lut de nouveau plusieurs pages du carnet de David. Le peintre avait beaucoup écrit sur le thème de notre propre responsabilité dans ce que nous vivons.

Un texte retint particulièrement son attention.

Puisque tu sais dorénavant que les erreurs créent des vides dans ta propre vie et dans celle des autres, applique-toi, autant que cela se peut, à combler ces vides, que tu t'en sentes responsable ou non. Ce sera une façon de t'aider à te libérer de la culpabilité et de vous faire grandir, toi et l'autre. Tu as manqué d'amour envers quelqu'un ? Aime-le plus encore, qu'il en soit directement témoin ou non. Tes actions ont causé du tort à quelqu'un ? Aide-le plus encore. Mais ce qu'il y a de merveilleux, c'est que dans le décompte des bonnes actions ou des erreurs, la vie ne tient pas de registre personnel. Ainsi, une erreur envers une personne peut être guérie par une action universelle. L'important est de combler les vides par des actions contraires à celles qui les ont causés. Là où il y a la haine, mets l'amour. Là où il y a le malheur, mets le bonheur. Là où il y a le désespoir, mets l'espoir...

Fannie se sentit inspirée par la vision de David Marteens. Tout ce qu'elle avait subi et qui l'avait fait souffrir pouvait servir à combler des vides. Son talent même pouvait aussi servir. Il lui fallait trouver comment combler les vides dont elle se sentait coupable. Elle y réfléchirait et elle trouverait, assurément.

Elle poursuivit sa lecture et, de page en page, elle se sentait plus forte. Elle se savait capable d'affronter les débris de sa vie et d'en faire le ménage. Surtout, elle avait l'espoir de replacer sa vie sur les rails de son destin dont elle avait dévié.

Elle termina sa lecture sur un texte à propos de la vie, de la mort et du temps présent entre les deux.

La naissance et la mort sont à la vie ce que l'inspiration et l'expiration sont au souffle. Deux temps d'un seul et même mouvement. Chaque naissance est une inspiration, chaque mort est une expiration. L'une ne va pas sans l'autre. Accepte-le. Tu ne pourras jamais pleinement savourer le moment présent si tu n'es pas entièrement conscient qu'il peut être le dernier.

Le carnet se refermait sur ces mots. Il se terminait étrangement par une réflexion sur la vie et la mort. Des pages étaient restées vierges à la fin du carnet. David aurait sans doute continué à noter ses observations sur la vie s'il n'était pas mort.

Fannie déposa le carnet. Elle se leva et avança vers le lac. Elle se dévêtit. Elle pénétra lentement dans l'eau fraîche du lac. Elle prit une profonde inspiration et s'immergea entièrement dans les profondeurs du lac. Elle resta sous l'eau aussi longtemps qu'elle put retenir son souffle. Dans les profondeurs sombres du lac, Fannie observait la lumière du soleil à la surface de l'eau. Lentement, elle laissa l'air sortir de ses poumons, s'amusant à regarder les bulles d'air remonter à la surface. Lorsqu'elle fut à bout de souffle, elle se propulsa vigoureusement vers la surface par de puissants battements de jambes et de bras. À la limite de la vie et de la mort, elle finit par émerger. Elle prit alors une longue respiration bruyante et poussa un cri viscéral en expirant et en haletant. Fannie venait de renaître.

Il arrive, dans la vie de chacun, de tels moments de grâce, rares mais déterminants. Ils sont parfois déguisés sous les apparences d'un événement tragique ou parfois vécus délibérément. Mais toujours ils témoignent d'une seconde naissance.

Chapitre 14

*C*omme le papillon qui fait sécher ses nouvelles ailes au soleil, Fannie se reposa de longues heures sous la douce chaleur de l'espoir retrouvé. Elle se sentait prête à entreprendre une nouvelle vie. Mais elle devait d'abord nettoyer les débris jonchant le sol de son passé.

Elle décida de quitter l'académie le jour même et de retourner chez elle, plus déterminée que jamais à se reprendre en main. Elle ramassa ses affaires, prit le carnet et quitta la maison de David Marteens. Elle ferma les yeux et, silencieusement, elle remercia le peintre de tout ce qu'il avait fait pour elle.

Elle traversa le bois jusqu'à l'académie et sonna à la porte. Daniel ouvrit.

« Vous partez déjà ? demanda-t-il, en voyant la valise de Fannie.

– Je dois retourner là-bas et affronter ma vie. J'ai des vides à combler. »

Daniel sourit, reconnaissant les mots de son père.

« Je vois que la lecture du carnet vous a été profitable. »

Fannie sourit à son tour en tendant le carnet à Daniel.

« Il a été salutaire pour moi, Daniel. Je ne saurais t'exprimer toute ma gratitude, avoua-t-elle sur un ton plus intime.

– Je t'en prie, dit Daniel, en adoptant le même ton intime de Fannie. Je sais que mon père aurait été le premier à vouloir t'aider. Il l'aura fait par son carnet. »

Les regards se mesuraient l'un et l'autre, comme si Fannie et Daniel se parlaient en silence.

« Tu veux entrer ? demanda Daniel au bout d'un moment.

– Non, vaut mieux pas, dit Fannie. Je dois régler ce qui va de travers dans ma vie avant de passer à autre chose. Si j'entrais maintenant, je ne sais pas si je repartirais. »

Daniel fit un signe de la tête, signifiant à Fannie qu'il acceptait sa décision. Ils se firent la bise et Fannie se dirigea vers son automobile. À mi-chemin, elle se retourna vers Daniel, toujours sur le seuil de la porte.

« Merci, Daniel, pour la partie de *bowling*. Elle a transformé ma vie !

– Elle a transformé la mienne aussi », rétorqua Daniel en agitant la main.

Ils se regardèrent un instant, puis Fannie se rendit à son auto. Elle démarra la voiture et prit le chemin du retour vers l'immense tâche qui l'attendait : remettre de l'ordre dans sa vie.

En entrant chez elle, Fannie fut saisie par la froideur de sa demeure. Rien dans cette maison ne lui ressemblait. Elle était d'un luxe exagéré, d'une immensité indécente et d'une situation géographique fort peu intéressante. En fait, elle ne lui ressemblait pas. Les titres de propriété étaient peut-être à son nom, mais Fannie ne s'était jamais sentie chez elle dans cette maison. Elle prit sur-le-champ la décision de la vendre.

À peine avait-elle défait sa valise et rangé ses affaires que Fannie téléphona à un courtier immobilier pour qu'il procède à la vente de la maison et qu'il lui trouve sans tarder un endroit paisible et entouré de nature.

Elle prit ensuite son courrier et l'éplucha. Rien d'urgent, si ce n'était qu'une missive de l'avocate de Steven qui lui réclamait une importante somme d'argent en guise de dédommagement pour rupture de contrat. Fannie n'en voulait plus à Steven. Elle lui avait laissé l'entière liberté de diriger sa carrière. Il avait fait du mieux qu'il pouvait, selon ses propres visions, ses propres limites, ses propres blessures… Même s'il avait commis des erreurs aux conséquences désastreuses pour elle, Fannie savait au fond d'elle-même que Steven n'avait jamais été mal intentionné. Elle ne pouvait pas lui en vouloir. Elle-même ne se culpabilisait plus d'avoir remis toute sa carrière entre les mains d'un agent. Elle en retirait même une grande leçon.

Elle s'empressa de téléphoner à son avocat pour lui confier le mandat de négocier une entente à l'amiable avec l'avocate de Steven. Malgré les objections de son avocat qui prétendit pouvoir gagner sa cause si elle poursuivait à son tour Steven, Fannie ne dérogea pas de son plan. Pas question de bataille juridique. Elle était ailleurs. Elle réglait sa vie d'antan.

Elle écouta ensuite les nombreux messages laissés sur sa boîte vocale. Plusieurs journalistes avaient téléphoné pour interroger Fannie sur les derniers événements. Ils avaient laissé des dizaines de messages. Parmi eux, aucun d'Hugo… C'était pourtant le seul qu'elle aurait souhaité entendre.

Fannie n'avait pas le temps de s'apitoyer sur le silence d'Hugo. D'autres feux restaient à éteindre. Des dossiers exigeaient son attention.

Plus déterminée que jamais, elle communiqua avec l'entreprise de télécommunication qui hébergeait son site Web et son blogue et elle en exigea le retrait immédiat. Il ne devait plus y avoir d'autres drames comme celui de Gabriel.

En soirée, Fannie téléphona à un journaliste de confiance, un ami personnel, pour lui proposer une entrevue. Elle pourrait alors expliquer ce qui s'est passé, présenter ses excuses et informer le public des changements qu'elle opérait dans sa vie. Une rencontre fut fixée pour le lendemain, en après-midi.

En fin de soirée, Fannie avait l'agréable sensation d'avoir repris sa vie en main. Elle avait réglé les dossiers les plus importants. Steven allait être dédommagé – le connaissant, Fannie savait fort bien que ça comblerait une partie du vide dans la vie de son agent –, sa maison serait mise en vente sous peu, son site et son blogue étaient désormais hors ligne et l'entrevue du lendemain allait lui permettre de faire le point auprès du public et, espérait-elle, de se retirer dans le calme et la paix pour un temps… pour le temps, du moins, de combler les vides les plus importants qu'elle avait causés dans sa vie et dans celle d'autres personnes.

Chapitre 15

« *B*onjour Hervé, dit Fannie en accueillant son ami journaliste.

— Je suis bien content d'avoir de tes nouvelles », dit Hervé en faisant l'accolade à Fannie.

Hervé Latendresse était un ami de longue date. Passionné autant par l'art que par le journalisme, il avait assisté à l'éclosion du talent de Fannie et à son ascension vers le sommet. Il avait rédigé de nombreux articles sur elle au fil des années, tout comme il l'avait fait pour David Marteens à qui il vouait une admiration sans bornes. Il avait été d'ailleurs un ami personnel du peintre. Ils s'étaient rencontrés alors qu'Hervé travaillait comme pressier pour un important imprimeur. Hervé était responsable de la presse sur laquelle était imprimé le premier livre dédié aux œuvres de David. Ce dernier s'était rendu chez l'imprimeur pour valider les épreuves de presse. Lui et Hervé avaient fraternisé. Et quiconque côtoyait David Marteens ne pouvait continuer à ignorer sa propre passion bien longtemps. Hervé avait finalement décidé, sous l'inspiration du peintre, de retourner aux études durant ses temps libres pour acquérir une formation en journalisme. Il lui avait fallu trois ans pour y parvenir. Dès son entrée dans le monde journalistique, Henri se fit remarquer rapidement par son talent et sa passion. Il était devenu, au fil des ans, un journaliste émérite, l'un des meilleurs de sa profession. Et même en ayant plus de soixante-dix ans, il continuait à œuvrer avec la même passion et la même intégrité qu'à ses débuts, ce qui lui conférait une solide réputation.

« Je te remercie d'être venu me rencontrer, Hervé. Assieds-toi, je vais tout t'expliquer », dit Fannie dans un empressement indéniable.

Hervé fit un signe de la main signifiant à Fannie de se calmer.

« Attends, attends… J'arrive à peine… Laisse-moi le temps de souffler un peu », lança Hervé, dont la santé souffrait de l'usure du temps.

Fannie lui sourit, embarrassée. « Désolée, Hervé, je ne voulais pas te bousculer, mais je me sens tellement dans un état d'urgence…

– Il n'y a pas d'urgence dans l'éternité… C'est ce que répétait souvent David aux gens toujours pressés. Et tu sais, à l'âge où je suis rendu, je me sens plus près de l'éternité que de l'empressement », avoua Hervé en gloussant de rire.

Hervé était un être sympathique et jovial. Un peu rondelet, une barbe blanche, des cheveux tout aussi blancs et plutôt longs pour un homme de son âge, il aurait pu facilement être le père Noël d'un grand magasin.

« Dis donc, Fannie, tu n'aurais pas une bonne tasse de thé à m'offrir?

– Une tasse de thé? répéta Fannie, un peu surprise. Pourquoi pas, après tout », continua-t-elle, résignée à suivre le rythme qu'Hervé Latendresse avait choisi d'imposer.

Le journaliste suivit Fannie jusqu'à la cuisine. Il s'assit au comptoir tandis que Fannie préparait le thé.

« Où te cachais-tu ces derniers jours? lui demanda-t-il. Plusieurs journalistes m'ont dit avoir tenté de te joindre, sans succès. Certains sont même venus jusqu'ici.

– J'étais à l'académie des arts en nature…

– Je l'aurais juré! s'exclama Hervé en riant. Il y a longtemps que tu y avais mis les pieds, non?

– Six ans… sept ans… Je ne sais plus.

– Et qu'est-ce qui t'a poussée à y retourner? »

Fannie raconta à Hervé son besoin soudain de se recueillir sur la tombe de David, le stylo que l'éclaircie lui avait fait découvrir et sa rencontre avec Daniel Marteens.

« Tu savais que David avait un fils? demanda Fannie en versant le thé.

– Bien sûr, mais David m'avait demandé de ne pas en parler, et surtout de ne pas écrire d'article sur cet aspect de sa vie. Il tenait tellement à préserver son intimité qu'il en faisait presque une obsession. Pas étonnant qu'il ait vécu isolé au fond d'un bois.

– Selon moi, il avait raison, rétorqua Fannie.

– Facile à dire lorsqu'on vit dans un château comme le tien.

– Je mets cette maison en vente dès aujourd'hui. Ça t'intéresse ? »

Hervé Latendresse pouffa de rire. « Tu crois que j'ai un million à mettre sur une baraque ? »

Il prit une gorgée de thé. « Je ne te l'ai jamais dit, mais je n'aime pas cette maison. Elle est sans âme.

– Je sais, confessa Fannie. Je m'en suis rendu compte. C'est pour cela que je la vends.

– Et pour aller où ?

– Je ne sais pas encore. J'ai demandé à mon agent immobilier de me trouver une maison en nature, loin de la ville. »

Fannie et Hervé prirent tour à tour une gorgée de thé.

« Et tu allais à l'académie pour affronter tes démons ou pour les fuir ? demanda Hervé qui n'avait jamais hésité à parler franchement.

– Avant de m'y rendre, je n'avais qu'une idée : fuir. Et la mort m'apparaissait être la meilleure fuite. Puis, en discutant avec Daniel Marteens et surtout en lisant le carnet de notes de son père, j'ai appris à reconsidérer la vie.

– Tu as lu le carnet de David ? demanda Hervé, les yeux ronds.

– Oui, pas toi ? s'étonna Fannie, qui connaissait la grande amitié qui liait le peintre et le journaliste.

– Non, je n'ai jamais eu cette chance, soupira Hervé en secouant la tête. J'ai appris l'existence de ce carnet bien des années après le décès de David.

– Personne ne savait que David rédigeait ce carnet. Il a été retrouvé lorsque son fils et Marcel Miller ont fait le tri de ses effets personnels.

– Je sais, oui. C'est ce que Daniel m'a expliqué. Je lui ai souvent demandé de le consulter, mais il n'a jamais voulu. Il m'en a souvent cité des passages, mais sans plus. Je suis surpris qu'il ait accepté de te le faire lire.

– Il m'a fait une grande faveur en me le laissant lire. Je crois que c'est le souvenir le plus précieux qu'il conserve de son père, et il le garde jalousement. Mais, de toi à moi, ce carnet mériterait d'être publié et offert au grand public. C'est un joyau de sagesse, crois-moi.

– Je n'en doute pas, mais il faudra convaincre Daniel. »

Hervé sirota une longue gorgée de thé. « Et si tu me parlais un peu de ces démons qui t'ont mise en déroute. »

Fannie déballa le déroulement de sa vie des dernières années. Elle avoua avoir perdu le contrôle de ses propres affaires, elle confessa les erreurs de Steven qui l'ont entraînée dans un tourbillon et elle parla du suicide du jeune Gabriel, de ses excuses auprès de la mère du jeune homme, de sa séparation, de sa passion pour la peinture perdue au profit d'un succès mondain. Elle avoua ses remords, ses regrets, elle parla des vides qu'elle avait causés dans sa propre vie et dans celle des autres, de son désir de les combler, mais elle affirma aussi qu'elle souhaitait replacer sa vie sur la bonne voie.

Hervé Latendresse écouta attentivement Fannie parler avec son cœur tout en savourant son thé.

« Et quelle est cette voie ? lui demanda-t-il.

– Celle de mon centre ! »

Constatant l'incompréhension dans le regard d'Hervé, Fannie lui expliqua le concept du centre que David Marteens avait développé. Elle lui fit part de son ardent désir de retrouver cet espace sacré en elle et d'y enfouir dorénavant ses racines !

« Vas-tu enfin te remettre à peindre ?

– J'en ai bien l'intention… dès que j'aurai quitté cette maison. Ma passion était engourdie, mais elle s'est réénergisée, crois-moi.

– Projettes-tu de présenter une exposition ? demanda le journaliste.

– Je le souhaite, mais pour l'instant je n'ai aucun plan précis. Je jongle avec l'idée de mettre mon talent au service d'une cause.

– C'est ce que David avait fait. Sa cause à lui, c'était la préservation de la nature. Toi, à quelle cause voudrais-tu te vouer ?

– Je l'ignore, Hervé. J'ai vécu les dernières années dans l'insouciance et la futilité. J'ignore quelles causes me tiennent à cœur. »

Hervé Latendresse réfléchit quelques instants. Puis, il reprit la parole.

« Il y a plusieurs années, j'ai écrit un article sur l'histoire d'un homme dont le fils s'était suicidé. Dans sa lettre d'adieu, le fils reprochait à son père de ne jamais l'avoir écouté. Dévasté, le père erra pendant des mois et des mois. Il vivait une détresse épouvantable. Puis, il eut l'idée de donner de son temps à un service d'écoute pour les gens en détresse. Il avait peut-être fait l'erreur de ne pas écouter son fils, mais il se rachetait en écoutant les gens désespérés. Il œuvrait bénévolement pour la prévention du suicide. »

Fannie avait écouté attentivement son ami journaliste qui conclut : « Tu vois, Fannie, il n'y a pas que nos talents, notre fortune ou notre renommée qui peuvent être mis au service d'une cause. On peut aussi y consacrer de soi, de son temps… »

Fannie réfléchissait aux paroles d'Hervé. Nul doute qu'une graine venait d'être semée par le journaliste.

« Et Hugo, dans tout cela, reprit Hervé, toujours sans nouvelles ? »

Fannie soupira et baissa le regard. « Je n'ai aucune nouvelle de lui. J'espérais qu'il ait laissé un message dans ma boîte vocale, mais il ne l'a pas fait. J'aurais pourtant eu besoin de lui, crois-moi.

— Tu aurais besoin d'Hugo... ou de quelqu'un qui te comprend ? »

La question du journaliste bouscula Fannie dans ses sentiments. Sans qu'elle ait eu le temps de répondre, Hervé Latendresse ajouta ce qui suit, en regardant Fannie droit dans les yeux : « Parce que si tu as besoin de quelqu'un qui te comprend, il me semble que Daniel Marteens a bien rempli ce rôle jusqu'ici.

— Que vas-tu chercher là ? s'offusqua Fannie, qui ne désirait pas dévoiler ses sentiments envers Daniel.

— Mon père disait toujours que l'on n'apprend pas à un vieux singe à faire des grimaces, dit le journaliste en riant. À mon âge, j'ai vu la plupart des *grimaces de la vie*. »

Il se leva et semblait se préparer à partir. Fannie l'interpella. « Et l'entrevue, Hervé ?

— Nous l'avons complétée.

— Mais…

— Je ne voulais pas faire avec toi une entrevue classique. Je voulais entendre ton cœur, pas seulement ta tête. Je souhaitais que tu t'ouvres à un ami avant tout. »

Fannie lui sourit, visiblement heureuse de la façon de faire de son ami. « Tu n'as pris aucune note…, ajouta-t-elle.

— Lorsqu'elle était encore vivante – que Dieu ait son âme –, ma femme se plaignait que certaines fonctions de mon corps n'étaient plus à la hauteur, si tu vois ce que je veux dire… » Hervé s'interrompit pour rire de bon cœur, avant de poursuivre : « … Mais ma mémoire, elle, n'a jamais défailli. »

Fannie sourit tandis qu'Hervé riait toujours. Elle le serra contre elle. « Merci, Hervé. Tu es le seul journaliste à qui je peux faire confiance. Je sais que tu rapporteras fidèlement ce que je t'ai confié.

— Tu peux compter sur moi, ma belle Fannie. Je suis heureux de te savoir de retour dans ta vie. »

Fannie lui sourit, lui fit la bise et le laissa partir.

En fin d'après-midi, elle signa les documents officialisant la mise en vente de sa demeure et elle observa, sans regret, l'agent planter la pancarte *à vendre* devant la maison.

Graduellement, Fannie se sentait sur le chemin de retour vers son centre. Elle quittait le chaos des extrêmes pour revenir sur sa voie, « pour revenir dans sa vie », comme l'avait exprimé son ami Hervé.

Et ce sentiment était doux au cœur de Fannie.

Chapitre 16

À son réveil, le lendemain, Fannie s'empressa de récupérer le journal et de rechercher l'article de son ami. Elle le trouva dans la section des arts. Le titre de l'article surprit agréablement Fannie.

La seconde chance de Fannie Létourneau

Dès les premières lignes, Fannie sut que l'article d'Hervé traduisait exactement ses états d'âme.

> *Après bien des détours sinueux et des épreuves douloureuses, la renommée et talentueuse artiste peintre, Fannie Létourneau, revient à ses valeurs profondes et à sa passion…*

Fannie lut l'article une première fois, puis une seconde fois, avec les larmes aux yeux. Elle eut l'impression de revivre son calvaire des dernières années et sa renaissance des derniers jours. Les faits étaient relatés avec justesse et honnêteté. Ses émotions, ses tourments et sa désolation ressortaient des mots d'Hervé. Et surtout, son espoir et son désir de revenir à l'essentiel étaient nettement appuyés.

Hervé Latendresse ne pouvait mieux l'exprimer : une seconde chance s'offrait à Fannie. Et elle avait bien l'intention d'en profiter.

L'article avait eu l'effet recherché dans la population et chez les journalistes. Il avait rassuré la première et calmé les autres.

Durant les jours qui suivirent, Fannie eut le temps de réfléchir à son avenir. Comment allait-elle combler les vides qu'elle avait créés ? De quelle façon compenserait-elle les blessures et les erreurs ? Comment sa vie allait-elle s'orchestrer ?

Lorsque l'on sait se retirer des tourbillons qui éloignent de l'essentiel, le cœur s'apaise, l'esprit se détend et l'inspiration survient.

Les idées ne tardèrent pas à naître en Fannie. Elle savait comment combler deux de ses plus grandes blessures, celle laissée par son avortement et celle causée par le suicide de Gabriel, dont elle se sentait toujours responsable.

Par bonheur, la vente de sa maison se concrétisa dès le mois suivant. Steven avait raison. La maison avait été un bon investissement puisque Fannie en tira un profit de plus de 300 000 $.

Déterminée dans ses choix, Fannie remit cet argent à une clinique d'avortement privée sous deux conditions. La première : l'argent devait servir à mettre sur pied un service de consultation et de soutien psychologique tant pour les femmes qui songeaient à l'avortement que pour celles qui en avaient subi un. La seconde condition était la préservation de l'anonymat du donateur. Si le suicide de Gabriel était en quelque sorte relié à sa vie publique, Fannie jugeait que son avortement relevait de sa vie privée. Cette blessure ne regardait personne d'autre qu'elle-même.

Aussitôt la vente de sa luxueuse demeure conclue, Fannie emménagea dans une agréable petite maison à la campagne, derrière laquelle un immense boisé s'étalait.

Fannie profita des derniers jours de l'été pour faire de longues promenades en nature. Ces balades non seulement lui procuraient une paix intérieure croissante, mais elles lui offraient également l'espace pour réfléchir à son avenir.

À l'automne, désireuse de combler le vide du suicide de Gabriel et inspirée par l'histoire de son ami Hervé, Fannie se proposa comme bénévole à un centre de prévention du suicide. Elle fut affectée à l'écoute par l'entremise d'une ligne téléphonique. Une brève formation lui permit de se sentir à l'aise dans son rôle.

Le reste du temps, Fannie peignait dans le but secret de présenter une exposition au printemps prochain. Les tribulations de sa vie des derniers mois lui avaient apporté la sagesse et une vision différente de l'existence. Ses nouveaux tableaux en étaient le reflet. Les couleurs étaient plus douces, moins violentes, tout en nuances et en harmonie. Le trait semblait plus fluide aussi. Mais surtout, une âme et une émotion ressortaient de ses toiles. Fannie avait retrouvé le bonheur de peindre et ça se voyait dans ses œuvres.

Le long hiver blanc se colora des toiles de Fannie et des émotions qu'elle vivait au centre de prévention du suicide où elle passait deux soirées par semaine à faire de l'écoute bénévolement. Les mois défilèrent sans que Fannie ait de nouvelles d'Hugo et de Daniel Marteens. Elle n'avait pas cherché non plus à les joindre. Elle avait eu besoin de temps pour se refaire une beauté intérieure. Un hiver solitaire n'avait pas été de trop.

Mars arriva et trouva Fannie plus épanouie et sereine que jamais. Hervé Latendresse réalisa une nouvelle entrevue avec elle. L'article qu'il en tira relatait la transformation de Fannie et annonçait sa prochaine exposition. Le journaliste insista pour écrire que Fannie œuvrait également dans un centre de prévention du suicide. Il se servit de cette précision pour expliquer le concept des vides dans la vie et comment Fannie comblait les siens.

L'hiver était derrière Fannie, au sens concret comme au sens figuré. Et mars annonçait le printemps, la saison où les forêts incendiées reprennent vie.

Chapitre 17

*A*vant de laisser définitivement sa place au printemps, l'hiver eut un dernier soubresaut. Une violente tempête de neige et de verglas s'abattit sur la région cette nuit-là.

Fannie était arrivée avec un peu de retard au centre de prévention du suicide. Les routes enneigées et glissantes ralentissaient considérablement la circulation, sans compter les bourrasques qui rendaient la visibilité presque nulle par endroits. La radio rapportait d'ailleurs de nombreux accrochages et plusieurs sorties de route.

Fannie salua Jean-Pierre, qui venait de terminer ses heures d'écoute et qui lui cédait sa place. Jean-Pierre informa Fannie que l'autre bénévole avait téléphoné pour signifier son incapacité à se déplacer dans cette intense tempête.

« Bon, eh bien, je passerai la soirée seule. Espérons qu'il n'y ait pas trop d'appels.

— J'ai le sentiment que ce sera tranquille. Avec cette foutue température, l'agitation sera beaucoup plus à l'extérieur.

— Sans doute.

— Oh, avant que j'oublie, reprit Jean-Pierre, une femme a téléphoné tout à l'heure en insistant pour te parler. Elle devrait rappeler ce soir.

— Ah bon ? » fit Fannie, étonnée, mais en même temps consciente que l'article de la semaine dernière de son ami Hervé avait coulé l'anonymat de son action bénévole. Mais Hervé avait insisté pour en faire mention, car, croyait-il, l'exemple de Fannie pourrait inspirer d'autres personnes.

« A-t-elle laissé un message ou a-t-elle dit la raison de son appel ? s'enquit Fannie.

— Non, répondit Jean-Pierre. Elle a seulement spécifié qu'elle n'appelait pas pour parler de suicide. Je crois que c'est pour une raison personnelle.

— Je n'ai aucune idée de qui ça peut être.

– Bon, allez, je me sauve. Bonne soirée.

– Bonne soirée, Jean-Pierre. Et sois prudent. Les routes sont vraiment dangereuses ce soir. »

Dès que Jean-Pierre fut parti, Fannie s'installa à son poste d'écoute. Après un premier appel typique, Fannie prit un second appel.

« Madame Létourneau ? Fannie Létourneau ? » demanda une femme à l'autre bout du fil.

Fannie comprit immédiatement que c'était la femme dont Jean-Pierre lui avait parlé. Incertaine si elle devait s'identifier ou non, Fannie y alla de la réponse standard.

« Je vous écoute, répondit-elle.

– Oui, c'est vous ! Je reconnais votre voix, s'empressa d'affirmer la dame.

– Qui êtes-vous, madame ?

– Vous ne me reconnaissez pas ? Je suis la mère de Gabriel, le jeune homme qui s'est suicidé l'été dernier. »

Fannie ignorait comment elle devait réagir. La dernière conversation entre elle et la mère de Gabriel avait été pénible et s'était mal terminée. Que lui voulait donc cette femme ? Fannie choisit de demeurer silencieuse, incitant ainsi la femme à s'expliquer.

« Je tenais à vous parler depuis longtemps, madame Létourneau. Lorsque j'ai lu dans le journal que vous faisiez de l'écoute au centre de prévention du suicide, je me suis dit que c'était ma chance.

– Alors, je vous écoute », dit Fannie, rassurée par le ton de voix calme et paisible de la femme.

– Je voulais vous dire que je trouve formidable le bénévolat que vous faites au centre.

– Je vous remercie. Je crois que je devais cela à la vie… et à Gabriel.

– Je voulais aussi vous dire que je ne vous tiens pas responsable de la mort de Gabriel. S'il y a quelqu'un qui doit se sentir coupable, c'est bien moi, sanglota la femme. J'aurais dû reconnaître sa détresse et intervenir…

– Il ne faut pas vous sentir coupable, rassura Fannie, habituée maintenant à ce discours. Ce fut la décision de votre fils.

– Je sais, mais tout de même…, dit-elle en pleurant. Je suis désolée de vous avoir rendue responsable de sa mort. Je comprends mieux maintenant.

– Chacun fait son cheminement à son propre rythme, vous savez. J'ai compris votre première réaction. Elle était normale. Je ne vous en veux pas, soyez rassurée.

– Merci…»

La mère de Gabriel fit une courte pause pour se moucher et s'essuyer les yeux, puis elle reprit.

« Je tenais absolument à vous annoncer une grande nouvelle.

– Je vous écoute, dit Fannie, curieuse.

– Au moment de son suicide, mon fils avait une copine. Une fille adorable. Trois semaines après la mort de Gabriel, elle a appris qu'elle était enceinte. Mon fils ignorait qu'il allait être père. Peut-être aurait-il changé d'idée s'il avait su…

– Personne ne peut savoir ce qu'il aurait fait, mentionna Fannie, qui avait peine à contenir ses émotions.

– Vous avez raison… La bonne nouvelle que je voulais partager avec vous est que je suis grand-mère depuis la semaine dernière, dit la femme, dans un mélange de joie et de chagrin.

– C'est formidable ! dit Fannie en riant à son tour et en essuyant ses larmes.

– Une belle petite-fille en santé. Madame Létourneau, vous rendez-vous compte que la vie me donne une deuxième chance d'aimer un enfant et d'en prendre soin ? »

La mère de Gabriel n'avait même pas à le spécifier, Fannie avait saisi toute la portée et la grandeur du message que cet événement heureux véhiculait.

Les deux femmes pleurèrent ensemble durant plusieurs minutes. Des larmes de joie, des larmes de libération, des larmes de gratitude, des larmes d'émotions…

La mère de Gabriel reprit la parole la première : « Vous avez toujours mon numéro de téléphone ?

– Oui, je l'ai conservé.

– N'hésitez pas à m'appeler. J'aimerais beaucoup vous présenter ma petite-fille. Elle ressemble tellement à mon Gabriel.

– Je le ferai, soyez-en assurée. Ce sera pour moi une grande joie. »

Les deux femmes se saluèrent chaleureusement avant de mettre fin à la conversation. Fannie profita d'une accalmie dans les appels pour reprendre ses esprits. Ce coup de fil de la mère de Gabriel lui avait enlevé un poids des épaules. Elle venait de libérer Fannie de la culpabilité.

Fannie observait une fois de plus à quel point la vie et la mort, le bonheur et le malheur, les succès et les épreuves sont les deux temps d'un seul mouvement. David Marteens avait comparé ce mouvement à la respiration. On inspire et inévitablement on doit expirer. Mais aussi inévitablement, on doit inspirer de nouveau…Toutes les séquences d'une vie se résument peut-être en fait à des inspirations et à des expirations.

À la mort de son fils, la mère de Gabriel avait expiré un long souffle de détresse. À la naissance de sa petite-fille, elle avait pris une profonde inspiration de bonheur…

Seule, tandis que la tempête faisait rage dehors, Fannie observait la vie et ses mystères. Elle comprit à ce moment précis pourquoi David n'avait jamais terminé son carnet. Plus on avance dans la vie et plus on l'observe, plus on découvre la vastitude de son mystère.

Le téléphone sonna et sortit Fannie de ses réflexions.

« Bonsoir, je vous écoute… », répondit-elle d'une voix sereine et douce.

Chapitre 18

*F*annie partit du centre de prévention du suicide peu après une heure du matin. Comme c'est souvent le cas au mois de mars, la neige s'était transformée en pluie verglaçante, ajoutant à la dégradation de l'état des routes.

Fannie quitta la ville pour emprunter la route sinueuse et sombre qui traversait la campagne jusque chez elle. Les vents fouettaient le côté du véhicule et le faisaient tanguer sur le chemin glacé. Le lourd verglas, propulsé par de forts vents, s'abattait violemment sur le pare-brise de l'auto, réduisant considérablement la visibilité.

Fannie regretta d'avoir pris la route par un temps aussi mauvais, et en pleine nuit, de surcroît. La route était déserte, ce qui ajoutait au côté lugubre de cette nuit froide de tempête.

Soudain, à la sortie d'une courbe importante, Fannie aperçut, à travers ses essuie-glaces qui n'arrivaient pas à déblayer entièrement son pare-brise, une lueur du côté de la forêt.

Bientôt, elle comprit qu'une voiture avait quitté la route et percuté de plein fouet un immense chêne sur le bord du fossé.

Fannie immobilisa prudemment son auto et en descendit. Le moteur du véhicule accidenté tournait encore et émettait un son irrégulier. Les phares avant et arrière étaient toujours allumés. De toute évidence, le véhicule avait dérapé depuis peu. Sans doute que le conducteur avait perdu la maîtrise de son véhicule. Il avait violemment heurté le chêne.

Le cœur battant, Fannie descendit dans le fossé et s'approcha du véhicule du côté conducteur. À travers la vitre qu'elle avait essuyée du revers de la manche de son manteau, Fannie constata qu'il s'agissait en fait d'une conductrice. Elle avait le visage ensanglanté et semblait inconsciente… ou morte. Fannie essaya d'ouvrir la portière qui demeurait coincée. En s'appuyant sur le véhicule, elle le contourna péniblement et vérifia la portière du côté passager.

Par chance, elle s'ouvrit sans résistance. Fannie pénétra dans le véhicule. Un rapide coup d'œil lui permit de s'assurer qu'il n'y avait aucun autre passager à part la conductrice sur laquelle Fannie dirigea toute son attention.

En s'approchant, Fannie perçut un faible râlement émis par la conductrice. Fannie tira des papiers-mouchoirs d'une boîte qui avait sans doute été projetée au fond du véhicule lors de l'impact. Elle éponge a le sang qui recouvrait le visage de la conductrice. Elle découvrit avec désolation les traits d'une jeune fille. Elle ne devait pas avoir plus de dix-huit ans. Fannie déplaça lentement la jeune fille pour faciliter sa respiration.

« Oh, mon Dieu ! » s'écria-t-elle en constatant la rondeur presque apeurante du ventre de la jeune fille. Elle était enceinte, et sa grossesse était sans doute presque à terme.

Fannie voulut défaire la ceinture de sécurité qui s'était coincée après l'impact, mais n'y parvint pas. Elle craignait que la portion de la ceinture qui entourait atrocement la taille de la jeune fille mette la vie du bébé en péril.

Fannie se débattit quelques instants avec la ceinture, mais comprit rapidement que la seule façon de libérer la conductrice était de couper la ceinture.

Les secousses causées par les efforts de Fannie avaient ramené à la conscience la jeune fille, qui ouvrit les yeux péniblement.

« Restez tranquille, tout ira bien. Ne bougez surtout pas. Je reviens immédiatement. »

Fannie se hâta à sortir du véhicule malgré les plaintes de la jeune fille. Elle retourna à son auto et récupéra sa trousse de secours, qu'elle transportait continuellement.

Trempée par la pluie et quelque peu engourdie par le froid, Fannie s'empressa de retourner dans le véhicule de la jeune fille qui respirait bruyamment. Fannie alluma deux bougies, qu'elle plaça sur le tableau de bord, autant pour réchauffer que pour éclairer l'intérieur du véhicule.

« Mon bébé… mon bébé, gémissait la jeune fille. Sauvez mon bébé…

— Restez calme, je vous en prie. Tout ira bien », insistait Fannie, sans trop de conviction.

Fannie sectionna la ceinture à l'aide d'un couteau. Elle essaya ensuite de ramener vers elle la jeune fille, mais le volant s'était déplacé sous le choc de l'impact et il appuyait sur le ventre de la conductrice.

Après plusieurs efforts intenses, Fannie réussit à dégager la conductrice et à la déplacer.

Les gémissements de la jeune fille s'accentuaient. Fannie déposa ses mains sur le ventre de la jeune mère en espérant y déceler des mouvements permettant de croire que le bébé était toujours vivant.

« Je vais… accoucher… s'il vous plaît… aidez-moi… mon bébé… », hurlait la fille.

Fannie aperçut alors au fond de l'auto une flaque d'eau. À son grand désarroi, elle devait se rendre à l'évidence : la jeune fille était en train d'accoucher.

Oh ! mon Dieu ! Oh ! mon Dieu ! pensait-elle constamment.

Elle saisit son téléphone portable et composa le numéro des services d'urgence.

« Services d'urgence, comment puis-je vous aider ? répondit une voix féminine.

— Je suis sur le lieu d'un accident. Vite ! Dépêchez-vous ! La jeune fille est en train d'accoucher… dit Fannie en état de choc.

— Calmez-vous, madame. Dites-moi où vous êtes. »

Fannie essaya de rassembler ses esprits malgré l'urgence de la situation et les cris de douleur de la fille.

« Sur la route 143, direction nord… à environ 20 minutes de la ville…

– Y a-t-il des blessés ?

– Oui, cria presque Fannie. Et elle accouche actuellement. Je ne sais pas quoi faire…

– Restez calme. Dites-moi votre nom, s'il vous plaît…

– Fannie…

– Alors, écoutez-moi bien, Fannie. Moi, je m'appelle Stéphanie. Une ambulance est en route. Mais vous allez devoir assister la personne qui accouche en attendant les secours. Avez-vous compris ?

– Oui, oui… Mais qu'est-ce que je dois faire ?

– Avez-vous la fonction *mains libres* sur votre téléphone, Fannie ?

– Euh… oui, je crois.

– Bien. Activez la fonction et déposez le téléphone près de vous. »

Fannie chercha quelques instants la fonction *mains libres* sur son téléphone, appuya sur la touche et déposa le téléphone devant elle sur le tableau de bord.

« Fannie ? Vous m'entendez toujours bien ? demanda Stéphanie.

– Oui, je vous entends… vite… elle hurle de douleur…

– Tout ira bien, Fannie. Concentrez-vous sur ce que je vous dis, d'accord ?

– D'accord, acquiesça Fannie.

– Essayez de placer la jeune fille pour qu'elle soit le plus à l'aise possible.

– Mais elle est blessée… je crains de la faire souffrir en la déplaçant…

– Écoutez, Fannie, si le travail d'accouchement est commencé, vous ne pourrez l'arrêter. Il se produira de toute façon. Il faut placer la fille de manière à ce que vous puissiez sortir le bébé.

– Sortir le bébé ? Moi ? Pourquoi n'arrivez-vous pas ? »

Fannie était paniquée à l'idée de devoir participer à l'accouchement. Elle observa la jeune fille.

« Fannie ? Vous êtes toujours là ? Fannie ?

— Oui, je suis là, répondit Fannie.

— La jeune fille est-elle consciente ?

— Oui, mais elle gémit et se lamente… elle souffre…

— Demandez-lui son nom », ordonna Stéphanie.

Fannie se pencha vers la jeune fille.

« Peux-tu me dire ton nom ? » murmura-t-elle à son oreille.

La jeune fille ouvrit les yeux et fixa Fannie.

« Je… m'appelle… Charlotte… Je vous en prie… Sauvez mon bébé… »

Le regard de Charlotte atteignit Fannie droit au cœur. Elle n'allait pas laisser un autre enfant mourir… Ça, non ! Pas après son propre bébé, pas après Gabriel… Non ! Pas une autre fois. Elle se ressaisit et décida intérieurement qu'elle sauverait le bébé de Charlotte.

« Elle s'appelle Charlotte, dit Fannie à la répartitrice des services d'urgence.

— Demandez-lui si elle m'entend », dit Stéphanie.

Charlotte fit un signe de la tête, tout en grimaçant.

« Oui, elle vous entend, confirma Fannie.

— Alors, écoutez-moi, toutes les deux. L'ambulance ne tardera pas, mais d'ici là… »

Stéphanie ne put compléter sa phrase tant un long cri poussé par Charlotte remplit tout l'espace.

La jeune fille avait eu une forte contraction. Sans perdre de temps, Fannie coucha tant bien que mal Charlotte sur la banquette, au milieu des débris de verre et de sang. La jeune fille hurlait de plus belle. Chaque mouvement la faisait horriblement souffrir, mais Fannie savait que le temps pressait. En suivant les indications de Stéphanie, elle enleva les pantalons et les bottillons de Charlotte et essaya de constater la dilatation du col de l'utérus.

« Je… Je crois que je vois sa tête…, dit Fannie.

– Le bébé va naître bientôt, Fannie. Préparez-vous ! Trouvez un morceau de linge pour l'envelopper dès qu'il sortira. »

Fannie regarda autour d'elle. Il n'y avait rien qui puisse servir à envelopper un bébé naissant. Elle décida d'enlever son manteau et de l'utiliser comme couverture.

« Vous avez trouvé, Fannie ?

– Oui, je n'ai rien trouvé d'autre que mon manteau.

– Ça ira, approuva Stéphanie. Le bébé sera au chaud. »

Charlotte se crispa de nouveau en poussant un hurlement. La tête du bébé força un peu plus les tissus jusqu'à les déchirer.

« Fannie, voyez-vous toujours la tête du bébé ?

– Oui, encore plus que tout à l'heure.

– Bien. Charlotte ? Charlotte, je veux que vous respiriez profondément. À la prochaine contraction, poussez de toutes vos forces… Vous êtes courageuses toutes les deux. Vous y arriverez. »

Charlotte planta son regard dans celui de Fannie tout en lui serrant la main. « Je vous en supplie, veillez sur mon bébé. Il n'aura plus de famille… veillez sur lui, je vous le confie…

– Tu t'en sortiras, Charlotte, tu y arriveras », rassura Fannie d'une voix calme et en lui épongeant le front.

La contraction suivante fut encore plus violente, mais Charlotte en profita pour donner une poussée bien sentie et appuyée d'un long cri de souffrance.

« Stéphanie? La tête du bébé est presque toute sortie…

– Restez calme, Fannie. Pouvez-vous prendre sa tête entre vos mains et tirer doucement vers vous? »

Fannie s'exécuta. Au même moment, Charlotte connut une ultime poussée qui propulsa la tête du bébé entre les mains de Fannie. Puis, le reste du corps glissa hors de l'utérus maternel. Le bébé était né. La vie venait de se déposer dans les bras de Fannie. Elle qui avait vécu la mort de son propre enfant en son sein, elle était ébahie de constater que la vie lui faisait suffisamment confiance pour se déposer, fragile, entre ses mains. La vie lui offrait une seconde chance.

Le bébé poussa un premier cri tandis que la mère laissait échapper un dernier râlement. Il avait inspiré son premier souffle, elle avait expiré son dernier. Fannie repensa aux mots de David Marteens : « La naissance et la mort sont à la vie ce que l'inspiration et l'expiration sont au souffle. »

« Fannie? Fannie? » répétait Stéphanie depuis un moment.

Dans sa réflexion, Fannie n'avait pas entendu les appels répétés de la répartitrice.

« Le bébé est né, finit-elle par dire. Mais sa mère est morte. Cette jeune fille a tout donné ce qu'il lui restait de forces et d'énergie pour permettre à son bébé de naître…

– C'est aussi grâce à vous, Fannie, si le bébé est sauf. Les secours sont tout près maintenant. »

Effectivement, Fannie entendit au loin le son des sirènes s'approcher. Elle enveloppa le bébé dans son manteau et le serra contre elle, en pleurant doucement.

Elle entendit à peine les ambulanciers et les policiers descendre de leur véhicule et s'approcher d'elle.

Un ambulancier recouvrit Fannie d'une chaude couverture tandis qu'un autre cherchait le pouls de la jeune fille, en vain. D'un instrument, il coupa le cordon ombilical.

Les ambulanciers aidèrent Fannie à sortir du véhicule. Ils l'emmenèrent dans l'ambulance, la laissant tenir dans ses bras le bébé bien emmitouflé dans son manteau.

Chapitre 19

*L*a nouvelle fit le tour des médias dès le lendemain. Après avoir été écorchée par l'opinion publique quelques mois auparavant, Fannie était maintenant félicitée pour sa bravoure et son sang-froid.

Les services sociaux prirent en charge le bébé le temps que l'enquête policière soit complétée. Il s'avéra que la jeune Charlotte n'avait pas de famille. Elle était enfant unique d'un couple d'immigrants décédés l'année auparavant dans un accident d'automobile, tout comme leur fille. Quant au père, aucune trace de lui, aucun indice permettant de le retracer. Sans doute n'avait-il jamais su que sa copine était enceinte de lui.

Fannie tenait absolument à adopter le bébé, ce à quoi les services sociaux s'opposèrent, faisant valoir le respect des rangs dans le processus d'adoption et l'âge de Fannie. Mais l'opinion publique, stimulée par des journalistes sympathiques à la cause, fit pression sur les services sociaux pour annuler leur décision.

Toutefois, ce qui fit pencher la balance en faveur de Fannie fut le témoignage de Stéphanie, la répartitrice des services d'urgence, qui confirma avoir nettement entendu la jeune mère confier son bébé à Fannie lorsque le téléphone de cette dernière était sur la fonction *mains libres*.

Les services sociaux finirent par acquiescer à la demande de Fannie qui, « vu les circonstances hors de l'ordinaire et la volonté de la mère », put adopter le garçon au bout de deux mois d'une bataille acharnée.

Fannie prénomma l'enfant Charles-David en l'honneur de sa mère et de David Marteens.

Contre toute attente, Fannie était devenue mère alors qu'elle n'y croyait plus. La maternité combla non seulement un grand vide en elle, mais elle lui permit aussi de connaître un épanouissement personnel jamais ressenti jusque-là. Charles-David était un enfant des plus agréables et enjoués.

La vie de Fannie était revenue vers son centre. Son exposition du printemps avait été un franc succès et avait contribué à donner un second souffle à sa carrière. Elle prenait un soin jaloux de son temps. Plus de courses, plus de tourbillons. Fannie prenait dorénavant le temps de vivre et de savourer les moments précieux à peindre, à jouer avec son fils et à marcher en nature.

En pensant à sa vie telle qu'elle était à peine un an auparavant, Fannie sourit. Les erreurs avaient été réparées, les vides avaient été comblés… sauf un.

Fannie n'avait pas revu Hugo depuis son départ. Elle n'avait pas plus revu Daniel Marteens. Ce dernier lui avait fait parvenir un télégramme de félicitations lors de son exposition, mais sans plus.

En réfléchissant à sa vie amoureuse, Fannie comprit qu'elle et Hugo avaient assurément emprunté des chemins différents. Elle avait dorénavant un fils ; Hugo n'avait jamais voulu d'enfant. Elle avait eu vent d'une nouvelle disant qu'Hugo était retourné à l'aviation, son amour de toujours ; elle rêvait dorénavant d'une vie stable et retirée. Tous les deux, ils avaient vécu de belles années, et de moins agréables. Autant Fannie avait été transformée par sa rencontre avec David Marteens quinze ans auparavant, autant elle avait changé à la lecture de son carnet. Elle voulait désormais se consacrer à son fils, à son art, à ses causes… et à l'amour, si la vie lui en offrait la chance. Mais elle savait en son cœur que la vie avec Hugo était devenue impossible. Sans compter que l'éloignement de la dernière année avait fini par étouffer le reste de l'amour qu'elle avait éprouvé pour lui.

Elle n'ignorait pas que sa rencontre avec Daniel Marteens et les sentiments qu'il lui avait manifestés n'étaient pas étrangers à son éloignement définitif d'Hugo. Dans sa sagesse, elle avait pris le temps de combler ses vides et de soigner sa vie. Elle se sentait toutefois prête à explorer ses propres sentiments envers Daniel. Mais lui, était-il toujours libre ? Ressentait-il encore des sentiments amoureux pour Fannie ? Après tout, elle ne lui avait offert que son amitié, un an auparavant. Elle se souvenait encore de la réponse qu'il lui avait

donnée : « L'amour et l'amitié sont les deux ailes du même oiseau. »
Et puis, il y avait Charles-David… Daniel accepterait-il son fils ?

Toutes ces questions restaient sans réponses pour Fannie. Elle
espérait un signe quelconque. Et c'est par un beau matin de septembre
que lui parvint ce signe. Elle trouva une carte dans sa boîte aux lettres.
C'était la reproduction d'une superbe toile de David Marteens… des
roses sauvages au milieu d'un bosquet de fleurs et d'arbustes. À
l'intérieur, une question :

« Pousse-t-il dans ton cœur des fleurs d'amour après le feu de
forêt qui a ravagé ta vie ? »

Et c'était signé Daniel Marteens.

Épilogue

Assise dans l'herbe haute d'une colline, sous le doux soleil du mois d'août, Fannie observait avec tendresse Daniel et Charles-David s'amuser à essayer d'attraper des papillons. Charles-David avait fêté ses trois ans au mois de mars précédent. Il était enjoué, épanoui, heureux… rempli de promesses. Oh, bien sûr, il avait bien des saisons de vie à traverser, comme chaque être humain. Des printemps de renouveau, des étés de bonheur, des automnes de remise en question, des hivers d'isolement… Mais elle et Daniel sauraient lui transmettre la sagesse de David pour l'aider à reconnaître et à respecter son centre, à observer et à comprendre la vie et, surtout, à toujours croire en une deuxième chance.

« Papa ! Papa ! Je crois que j'ai attrapé un papillon !

Daniel courut vers son fils adoptif. Tu es un champion, fiston !

– Est-ce qu'on le libère, papa ?

– Bien sûr. Redonnons-lui sa liberté. »

Fannie sourit. Elle avait sous les yeux l'image du bonheur. Et elle en faisait partie. Sa vie était désormais sous le signe de l'harmonie, de la simplicité et de l'épanouissement. Elle et Daniel avaient emménagé dans la maison de David, avec leur fils. Ils peignaient ensemble, ils enseignaient ensemble et ils dirigeaient l'académie ensemble. La vie de Fannie était en équilibre avec son centre. Et ce centre était encore plus merveilleux que tout ce qu'elle avait pu imaginer.

Oui, David Marteens avait raison : la vie nous donne toujours une deuxième chance !

Pendant ce temps, dans une librairie, à des kilomètres de là, un homme désespéré était en quête d'un quelconque espoir. Un livre attira son attention : un carnet de notes d'un certain David Marteens, à ceux qui espèrent une deuxième chance. Il le feuilleta quelques instants, l'acheta puis ressortit de la librairie le cœur plus léger.

Remerciements

Plusieurs personnes ont contribué à ce livre, souvent sans le savoir. En fait, tous ceux et toutes celles qui ont partagé mes expériences de vie, positives et négatives, heureuses et malheureuses, méritent d'être remerciés, car ils m'ont fait grandir intérieurement et ils ont contribué à façonner ma vision de la vie. À tous ces gens, donc, un profond merci.

D'autres personnes ont contribué directement à la réalisation de ce livre. Il s'agit de l'équipe de gens dévoués et talentueux qui m'entoure : Marie-Chantal, Sonia, Marjorie, Jenny, Michèle, Amélie L., Patrick et les deux Pierre.

Je remercie aussi les lecteurs qui ont non seulement fait de mon livre *Le Tableau de vie* un succès, mais qui ont aussi pris le temps de m'écrire en grand nombre pour me partager leurs expériences de vie et leur appréciation.

Je souhaite à chacun d'entre vous de toujours croire en une deuxième chance et, surtout, de savoir la saisir.

Alain Williamson

Pour rejoindre l'auteur, vous êtes invité à écrire à l'adresse courriel suivante :

alainwilliamson@dauphinblanc.com

ou à l'adresse postale suivante :

Alain Williamson
Éditions Le Dauphin Blanc
825 boul. Lebourgneuf, bureau 125
Québec, Qc,
Canada G2J 0B9

Marquis imprimeur inc.

Québec, Canada

2012